ESTRICTAMENTE NEGOCIOS

Reggies Wenyika
John W. Stanko
Yair Herrera F.

UrbanPress
PUBLISHING YOUR DREAMS

Estrictamente Negocios
by Reggies Wenyika, John W. Stanko, Yair Herrera F
Derechos de autor ©2024 Reggies Wenyika, John W. Stanko, Yair Herrera F

Traducido por M.A Yair Herrera F
Derechos de autor, 2024 M.A Yair Herrera F

ISBN 978-1-63360-284-7

Para distribución mundial impreso en los EE.UU.

Urban Press
P.O. Box 8881
Pittsburgh, PA 15221-0881 USA
412.646.2780

Contenido

PREFACIO

No puedo separar el libro que tienes en la mano (o que lees en tu lector electrónico) de su autor, mi amigo y mentor, John Stanko. Me interesé por primera vez en este libro debido a mi relación con él, y después de leer uno de sus otros libros, *La vida es una mina de oro: ¿Puedes excavarla?* Leí ese libro tres o cuatro veces, lo que ha tenido un impacto significativo en mi vida. Entonces, cuando *se publicó Strictly Business(Estrictamente Negocios)*, el autor tenía credibilidad conmigo. Por lo tanto, quise pasar más tiempo con él leyéndolo. Poco sabía que este breve libro cambiaría mi vida y me ayudaría a terminar la escuela de posgrado simultáneamente.

Durante ese período de mi vida, me di cuenta de mis debilidades como líder. Estaba aprendiendo mis fortalezas y miedos y buscando cosas que podía hacer para construir sobre los primeros y minimizar los segundos para ser un líder exitoso. Por ejemplo, aprendí que podía ser más fuerte en la administración, pero estoy en mi mejor momento cuando me relaciono y trato de primera mano con todo tipo de personas. Las personas me dan energía, mientras que los proyectos lo hacen solo en la medida en que puedo trabajar en estrecha colaboración con las personas. Me encanta la interacción.

En 2007, cuando estaba en otra universidad en el norte de Oklahoma, leí *Estrictamente Negocios*, en repetidas ocasiones. En ese momento de mi carrera, me ayudó a disipar las dudas sobre mi futuro y hasta dónde podía llegar. Llegué a un punto en el que estaba listo para dar un paso adelante y salir, y después de disfrutar de cierto éxito en la Universidad Oral Roberts, estaba recibiendo ofertas de trabajo de otras escuelas. Al mismo tiempo, en 2004, formé parte del grupo que lanzó una red de líderes eclesiásticos llamada Faith Community Churches International (FCCI Comunidad Internacional de Iglesias de Fe). Yo era miembro, pero no era conocido entre sus miembros y algunos de sus principales líderes. No estaba buscando una posición de liderazgo con ellos, pero sabía lo que podía hacer y lo que aportaba a la mesa.

Construir sobre mis fortalezas fue la primera lección de este libro. El segundo concepto *que Estrictamente Negocios*, me ayudó a reforzar fue el principio de que mi filosofía privada determinaría mi desempeño público. *Estrictamente Negocios*, enseña habilidades blandas que puedes interiorizar e incorporar a tu vida personal. Estas son habilidades que en ese momento no se enseñaban a menudo en las escuelas de negocios de ninguna parte del mundo. Sin embargo, su importancia es ahora ampliamente reconocida y aceptada. En la mayoría de los casos, estas habilidades blandas son pequeños cambios que puedes hacer como líder sin mucha fanfarria o notoriedad. A veces, no ves el fruto de inmediato y, en ocasiones ¡ni siquiera estás seguro de que sean las prioridades correctas en las que trabajar!

Comencé a prestar atención a esas pequeñas cosas porque sabía que Dios me pondría en una situación en la que necesitaría esas habilidades. Me estaba desarrollando en la fe, algo así como un atleta profesional que practica habilidades que necesitará algún día en una situación de juego. Practican para llegar a la perfección, y *Estrictamente Negocios* me dio un modelo para la práctica y el desarrollo.

Este libro te enseñará sobre la necesidad de una

filosofía de liderazgo. El mejor momento para desarrollarlo es *antes de* ser un líder. Me lo tomé muy en serio y expuse mi filosofía, que consistía en aprovechar mis fortalezas y las de los demás. Quería influir en la gente, así que me puse ese objetivo antes de tener a alguien a quien influenciar. Cuando llegó mi momento, estaba preparado para mi papel de liderazgo, porque si estás listo, tu momento llegará.

A medida que moldeaba mi filosofía de qué tipo de líder quería ser, llegué a la conclusión de que fui llamado y creado para ser un líder de servicio transformacional con una orientación encarnada. Mis instintos de liderazgo naturales son los de un influencer, y deseo mejorar esos instintos con competencias y habilidades. La mejor manera de aumentar mi influencia en un número creciente de personas es dominando el arte de estar allí, estar presente en la vida de las personas. Esta práctica ha generado cambio en mis prácticas de gestión y liderazgo.

Hoy en día, hago todo lo posible para evitar liderar desde detrás de un escritorio. En mi posición anterior como presidente de una universidad, lideré visitando todas las áreas del campus universitario, ya fuera levantando pesas en el gimnasio, comiendo con los estudiantes en la cafetería, asistiendo a recitales estudiantiles y competencias atléticas, o ayudando a pintar un dormitorio con otros profesores y personal durante el verano. Todo eso me ayudó a mantener un dedo en el pulso de la universidad e influyeron en aquellos a los que dirigí al estar significativamente presente. Cuando lo hice, descubrí que podía influir en las personas de mi mundo porque me daba una mayor comprensión y apreciación del contexto y el entorno en el que esperaba que sirvieran, lideraran y siguieran. Desarrollé esa habilidad gracias a *Estrictamente Negocios*. Estar presente no es algo que un líder pueda delegar.

También hice del enfoque de John Stanko para la planificación estratégica mi filosofía de liderazgo. Uno de mis puntos fuertes es implantar la visión, y si hago un seguimiento de eso estando en la vida de las personas para animarlas a trabajar hacia esa visión, todo el equipo será eficaz y exitoso. Ahí es cuando estoy en mi mejor momento. Soy un animador, y mientras camino, trato de reclutar a las personas que hacen lo correcto en lugar de reclutar a las personas que hacen lo incorrecto. Si bien es posible que no sepa todo sobre cómo llegar a donde necesitamos ir, puedo mantener viva la visión y empoderar a las personas con las habilidades necesarias para ver la visión convertirse en realidad.

Este libro también aborda el tema de la excelencia. Varias personas, de muchas maneras diferentes, entienden la excelencia. Para mí, implica ser sobresaliente en nuestros esfuerzos. Abarca la superación constante de las expectativas, el logro de altos estándares y la demostración de habilidad, competencia o rendimiento excepcionales en un área en particular. Combina dedicación, competencia, innovación y una búsqueda incesante de mejora. No se trata simplemente de alcanzar un objetivo, sino de esforzarse continuamente por dominar y establecer nuevos puntos de referencia para el éxito. Con este fin, a menudo les he dicho a aquellos que he tenido el placer de liderar que la excelencia nace el día en que intentas responder a la pregunta: "¿Qué hago cuando mi mejor esfuerzo no es lo suficientemente bueno en una situación dada?"

¿Qué vas a hacer, realmente? ¿Quejarte? ¿Rendirte y decir que hiciste lo mejor que pudiste? ¿Presentar una demanda? ¿Confiar en tu título y autoridad para exigir el cumplimiento? ¿O aprenderá nuevas habilidades, regresarás a la universidad, conseguirás un entrenador, leerás, estudiarás más, mejorarás tu juego y aumentarás tu competencia? La mejor opción es emprender un camino para cambiar y mejorar; La mejora y la excelencia deben comenzar contigo, el líder. Cada vez que choco contra una pared, quiero ver si puedo empujar para derribarla, ya sea en mi cabeza, en mi corazón o en el mundo donde trabajo. Los muros no deben ser excusas ni obstáculos; Suelen ser oportunidades. Esos límites o muros, una vez superados, son los puntos de partida para tu viaje de excelencia. Así es como vivo y trabajo, pero no me detengo ahí.

He tratado de determinar formas de comunicar la excelencia como líder y se me ocurrió un eslogan en 2007 después de leer *Estrictamente Negocios*. Cuando vivía en Tulsa, enseñé karate para un programa social de la ciudad de Tulsa, así que creé posters motivacionales con imágenes de los jóvenes con los que trabajaba. Fue entonces cuando utilicé por primera vez la frase "establecer el estándar y causar la excelencia". Fue durante ese período de mi vida cuando, por primera vez desde que llegué a Estados Unidos desde Zimbabue, me encontré luchando, no solo para sobrevivir, sino para sobresalir y demostrar que tenía ciertas cosas a mi favor profesionalmente. Necesitaba esas habilidades blandas de las que se habla en *Estrictamente Negocios*. Me alegré de haber comenzado a desarrollarlos antes de mi entrevista de trabajo.

Un día, el presidente de una universidad me estaba entrevistando y hablándome, y me pidió que le dijera qué es lo que me motiva. Lo primero que me vino a la mente fue mi pasión por estimular el crecimiento personal y profesional mientras extraía la excelencia en la vida de otras personas. Le expliqué que si puedo empujar a los demás a aceptar que hay momentos en los que lo mejor de ellos no es lo suficientemente bueno, puedo entrenarlos y alentarlos hacia la excelencia.

Me preguntó cómo lo haría en un entorno educativo, y le respondí que esta excelencia debe comenzar con los maestros redefiniendo lo que hacen para ganarse la vida. Le dije que no era un maestro, sino alguien cuya tarea era hacer que el aprendizaje ocurriera esperando la excelencia. Les pido a los estudiantes que se esfuercen más cuando se topen con esa pared de ladrillos. Es inaceptable que levanten las manos y digan: "Oh, bueno, lo he intentado y he hecho lo mejor que he podido". Necesitan aprender a empujar y ser empujados más lejos para tener éxito. Debe haber quedado impresionado porque me contrató.

Como presidente de una universidad, he disfrutado salir con los estudiantes en viajes misioneros a otros países. En esos entornos, los estudiantes a menudo me preguntan cómo pueden ser como yo o hacer lo que estoy haciendo. Hace algunos años, estuve en Colombia, América del Sur, donde me pidieron que hablara en una iglesia. Después del servicio, uno de mis estudiantes que viajó conmigo me dijo que quería poder impactar la vida de las personas como yo lo hago. Me dijo que le gustaba cómo hacía que todos se sintieran aceptados y esenciales. Le expliqué que aprendí a tratar a las personas repitiendo en mi mente una y otra vez cómo pensaba que debían ser tratadas mucho antes de tener la oportunidad de hacerlo. Le dije que cuando desarrollara esas habilidades blandas como líder en la capacitación cuando nadie estaba mirando, las habilidades blandas eventualmente se arraigarían en él como reflejos automáticos. Fluye naturalmente, y Dios se encargará de la promoción cuando estés listo.

También tuve la oportunidad de exponer a los estudiantes, profesores y personal a los principios que cambiaron mi vida, y es por eso que estoy entusiasmado con esta nueva versión revisada de *Estrictamente Negocios*. Tengo la oportunidad en mi posición y a través de este libro de impactar a otros. Cada vez que tengo la oportunidad de dirigirme a los estudiantes, invariablemente planteo el tema de la lucha por la excelencia y la necesidad de "empujar, y cuando termines de empujar, empuja un poco más". Cuando era presidente de Southwestern Christian University en Bethany, Oklahoma, les dije a los estudiantes de la facultad los llevaría al límite para que pudieran "volar alto y aún mucho más".

Y ahora, aquí estoy con la oportunidad de contribuir a un libro que cambió mi vida. Eso no sucede a menudo, pero me siento honrado de que me haya sucedido a mí. Mi contribución a este libro incluye un capítulo sobre *Inteligencia Cultural*, un concepto que considero esencial porque cuando trabajé como presidente de una universidad, vi mi papel como ayudar a los estudiantes a graduarse con competencias interculturales para que pudieran convertirse en líderes globales. Para funcionar en el mercado mundial, deben reconocer y respetar las distinciones culturales, ya sea en una empresa o en una nación. Ese concepto encaja muy bien con el propósito de este libro, que es entrenarte en las habilidades blandas que te ayudarán en el difícil mundo de los negocios. También abordaré el tema de la competencia de comunicación intercultural y el liderazgo de servicio, y dejaré que John Stanko y un nuevo socio, Yair Herrera, se encarguen del resto.

Anteriormente, mencioné estar en la nación de Colombia, donde me presentaron a Yair Herrera, el lider del departamento de inglés de Boston International School en Barranquilla. Se convirtió en mi intérprete, y no pude evitar darme cuenta de que ya había encarnado muchos de los principios descritos en este libro. Persiguió la excelencia, sirvió a los estudiantes, tenía una clara filosofía de liderazgo e influyó en muchos jóvenes estudiantes que dominaban el inglés gracias a sus esfuerzos.

A medida que nuestro trabajo ha aumentado en Colombia, también lo ha hecho nuestra confianza en Yair y su equipo para hacernos sonar bien y relevantes para aquellos que no dominan el inglés. Como Yair se propuso traducir esta tercera edición, pensamos que sería bueno que añadiera algunos capítulos. Entonces, él escribió, John editó, y luego Yair tradujo su versión editada. Así que ahora esta no es solo la tercera edición de *Estrictamente Negocios*, sino que es la primera edición disponible en un idioma extranjero con tres amigos escribiendo.

Sé que este libro tocará tu vida como lo hizo con la mía. Es una lectura fácil y rápida que discute conceptos relevantes y habilidades blandas necesarias sin profundizar demasiado en cada una. Gracias, Dr. Stanko, por estar dispuesto a revisar y ampliar este libro una vez más. Bienvenido al equipo, Yair. Estoy agradecido por la influencia continua de este libro en la vida de tantas personas y por la amistad de estos dos hombres.

Finalmente, gracias, el lector, por leer este libro especial, *Estrictamente Negocios*.

Dr. Reggies Wenyika
Presidente de GreaterLife International
Presidente del Instituto Africano de Ciencia y Tecnología Biomédicas

INTRODUCCIÓN A LA TERCERA EDICIÓN

Mientras escribo esto en 2024, he recorrido más de tres millones de millas en mi carrera. Lo sé por las millas de viajero frecuente y los puntos que he acumulado en mis viajes. No empecé a viajar hasta que tuve 39 años en 1989 y el primer país y continente que visité fue Guyana, América del Sur. El segundo país era Colombia, en el apogeo de los titulares que estaban siendo puestos allí por los carteles de la droga. Nunca tuve ningún problema, pero luego el enfoque de mi ministerio cambió a África, donde he dedicado la mayor parte de mis esfuerzos comerciales desde 2001.

Durante mi temporada de trabajo en África, visité nueve países, pero Zimbabue se convirtió en el lugar donde pasé más tiempo. Parecía que cada vez que iba a Zimbabue, sucedía algo importante. Por ejemplo, en 1995 me robaron el pasaporte allí y eso comenzó una serie de eventos que me llevaron a un nuevo trabajo, una reubicación de mi familia a Pittsburgh, donde todavía resido, y nuevas oportunidades de negocio. Lo que pensé que era una tragedia resultó ser una bendición.

Lo que es más, tuve un asiento de primera fila para

ver a la gente de Zimbabue responder con coraje y creatividad a medida que sus instituciones sociales y políticas atravesaban una tremenda agitación. Aprendí mucho cada vez que iba allí y crecí espiritual y profesionalmente.

Así que no es de extrañar, al menos para mí, que la idea de este libro, *Estrictamente Negocios*, viniera de Zimbabue. En 2001, estuve en Harare, la capital, dirigiendo lo que se conoce como un Foro de Negocios de la Victoria. Había reunido a un equipo de líderes empresariales de los EE. UU. y estuvimos allí por tercer año consecutivo para hablar sobre las últimas habilidades y tendencias en el mundo de los negocios. Cada una de mis charlas en los años anteriores había sido grabada y había organizado los mensajes en una serie de tres cintas, llamada poco imaginativamente "Estrictamente Negocios I, II y III".

Un día, alguien estaba mirando la serie de tres cintas, considerando una compra, cuando ella me preguntó: "¿Cuándo saldrá el libro?" La miré, considerando sus palabras cuidadosamente, y respondí: "¡Pronto!" Ese simple comentario despertó algo en mí que resultó en la primera edición de este libro.

Mi trabajo en Zimbabue está temporalmente en espera, estoy trabajando más en Kenia en este momento, pero la conexión con Zimbabue continúa a través de mi trabajo con el Dr. Reggies Wenyika. El Dr. Reggies escuchó mi mensaje sobre el propósito de la vida en 1995 cuando yo estaba en Zimbabue y eso lo inició en una búsqueda de treinta años que lo llevó de Harare a los Estados Unidos, donde obtuvo su doctorado y se desempeñó como presidente de dos Universidades en Estados Unidos. El Dr. Reggies leía *Estrictamente Negocios* a menudo durante sus días de escuela de posgrado en la Universidad Oral Roberts, por lo que parecía un plan perfecto resucitar este libro, expandirlo para incluir al Dr. Reggies y ahora lanzar una nueva versión ampliada. Sus capítulos tienen su nombre debajo del título.

Pero espera, hay más que ha hecho necesaria esta tercera edición

En 2020, justo antes de que el mundo se cerrara por la pandemia, tuve una invitación para regresar a Colombia y ¿de quién vino la invitación? Si usted respondiera que fue por mi amigo, el Dr. Reggies, ¡estaría en lo cierto! El Dr. Wenyika había comenzado a visitar Colombia durante su período como presidente de Southwestern Christian University, donde conoció a la maravillosa gente de Boston International School y la Iglesia de Boston, junto con muchos otros en varias iglesias, escuelas y empresas. Durante sus visitas, se reunió con Yair Herrera, el lider del programa de inglés en Boston International School. Yair es un intérprete extraordinario, así que cuando vine a Colombia con el Dr. Reggies, utilicé los servicios de Yair. Poco sabía yo cómo se unirían nuestras vidas a partir de ese momento.

Ahora visito Colombia a menudo y Yair se ha convertido en un colega valioso que ha traducido varios de mis libros. Es un maestro estratega que nos ha ayudado al Dr. Reggies y a mí a planificar nuestra presencia en Colombia a través del desarrollo de liderazgo, la publicación y la capacitación en formación de equipos. Dr. Reggies y yo sentimos que sería apropiado en este momento lanzar una tercera edición de *Estrictamente Negocios* con la contribución de Yair con varios capítulos propios. Es emocionante pensar que el libro que tienes en tus manos representa la aportación de tres continentes distintos, que involucra a tres hombres únicos que son socios en la búsqueda de negocios exitosos en el siglo XXI.

¿Por qué *Estrictamente Negocios*?

Originalmente elegí el título *Estrictamente Negocios* con el sarcasmo en mente. Podemos pensar que somos "estrictamente negocios" cuando funcionamos en una empresa comercial, pero pronto descubrimos que los problemas que enfrentamos son los problemas de la vida: las personas, las relaciones, la administración del tiempo, las prioridades, los compromisos familiares y el éxito y el fracaso. Además de esa realidad, los negocios de hoy en día también se han extendido a temas sociales como la justicia, la diversidad y el cuidado de la comunidad.

En un ensayo titulado *Works and Days (Trabajos y días)*, Ralph Waldo Emerson escribió: "El gran mejorador (meliorator) del mundo es el comercio egoísta ambulante o callejero". Mientras escribía la palabra meliorator (mejorador), el corrector ortográfico de mi computadora se activó porque no reconocía la palabra. Busqué la palabra y significa "hacer mejor o mejorar". ¿A qué se refería Emerson? Robert Greenleaf explica lo que quiso decir en su libro, *Servant and Seeker (Siervo y Buscador)*:

> ¿Por qué el comercio egoísta ambulante o callejero es efectivo como una influencia meliorativa (mejoradora)? Porque creo que los comerciantes (traders) tienden a no ser asertivamente críticos con las personas con las que operan. En su mayoría son personas amigables. Pueden tener sus puntos de vista privados sobre cómo deben comportarse o pensar los demás, pero con las personas con las que comercian eligen hablar de asuntos de interés mutuo. No tratan de reformar a la gente. Comerciarán con cualquier persona en cualquier lugar; Algunos de ellos incluso comerciarán con el enemigo en tiempo de guerra. Son un pegamento importante que mantiene unido al mundo.

> El comercio egoísta como la mayor fuerza mejoradora (melioradora) del mundo es una generalización sostenible porque es difícil pensar en cualquier otra vocación que sea tan numerosa y cuyos practicantes estén tan universalmente en contacto

en todo el mundo: amistosos, conversadores, sin prejuicios. Pocos empresarios son santos, pero sospecho que la proporción es igual de grande entre abogados, médicos, maestros y predicadores. Los negocios son el lenguaje universal. Afecta a la vida como casi ninguna otra cosa puede hacerlo, determinando el estatus social y económico de sus participantes en la mayoría de las culturas. Si se puede ganar dinero, entonces alguien se asociará con otra persona, en algún lugar del mundo, para hacerlo realidad. Los negocios unen a las personas.

Es por eso que primero escribí este libro y continúo expandiéndolo con mi propia visión y la de otros. El objetivo no es solo impactar a los empresarios, sino también ayudar a los empresarios a entenderse mejor entre sí y cuánto tenemos todos en común. Debido a que los problemas planteados en este libro son problemas de la vida, una mejor comprensión de ellos puede conducir no solo al éxito empresarial, sino también al éxito personal y familiar. Un proyecto que pueda lograr esos objetivos es digno del esfuerzo.

En este libro escribimos sobre negocios y gestión, pero en realidad se trata de liderazgo. Si aún no lo has notado, el liderazgo es escaso en estos días, aunque muchos tienen el título de *líder*. La presión por los resultados finales ha obligado a las organizaciones a renunciar al liderazgo para exprimir y maximizar las ganancias y beneficios a corto plazo. Por lo tanto, mientras muchos hablan con emoción sobre el valor de las personas y el liderazgo transformacional, ambos valores parecen escasear. Espero que este libro y lo que estamos haciendo en el mundo ayude a revertir eso.

Este libro es una compilación de ensayos, ideas y conceptos, más que una presentación sistemática de conceptos de negocios o liderazgo. Se ofrece para estimular el pensamiento y la reflexión, no para enseñar sobre temas comerciales "difíciles", como planes de marketing, marca o gestión del flujo de efectivo. Es por eso que elegí el subtítulo,

"Habilidades blandas para ayudarte a tener éxito en el difícil mundo de los negocios". Este libro también está escrito en un estilo conversacional, más que académico o literario. Dado que todos somos oradores públicos o maestros, la mayor parte de nuestro material se presentó primero desde el podio o en el aula.

Nuestro énfasis está en los temas "blandos" que se relacionan con la visión, las personas y la creatividad. Nuestro trabajo con organizaciones sin ánimo de lucro y religiosas nos ha dado una mayor sensibilidad de estas áreas. Consideramos que son relevantes para casi cualquier negocio, sin importar el servicio o producto proporcionado. Estas habilidades blandas te ayudarán a orientarte en el mundo de los negocios, que es más complicado y global que nunca.

Debido a que este material no se presenta en ningún orden especial, le instamos a que lo lea de la misma manera. Estudia las secciones y los capítulos, y léelos en el orden que tenga sentido para ti. No tengas prisa por terminar. Tómate tu tiempo y deja que los temas trabajen en ti mientras buscas hacer que tu organización y tu liderazgo sean lo mejor que puedan ser. Ahora, pongámonos manos a la obra y mantengamos nuestra misión de ser mejores líderes y gerentes en el mundo de los negocios en lo más alto de nuestras mentes. A partir de este momento, ¡es estrictamente *negocio!*

Dr. John W. Stanko
Pittsburgh, Pensilvania, Estados Unidos
Tercera Edición – Agosto 2024

Traducido por
Yair Herrera F
Barranquilla, Colombia
Agosto 2024

NUEVAS COMPETENCIAS PARA LÍDERES GLOBALES

Hubo un tiempo en que mi objetivo era leer o escuchar al menos seis libros al mes y lo hice durante muchos años. La mayoría de ellos los encontraba en la sección de negocios y administración de una librería, pero también leí algunas biografías y libros sobre historia, misiones a nivel mundial, ciencia y liderazgo. Al centrar nuestra atención en esta primera sección en el tema "Nuevas competencias para líderes globales", quiero basarme en mis lecturas a lo largo de los años y darles un resumen de lo que he encontrado.

Como expliqué en la Introducción, no voy a hablar de tecnología, planes de marketing u otros temas de negocios "duros", sino que me centraré en lo que se llama los temas o habilidades "blandas". Hago esto porque en mis lecturas a lo largo de los años, esas habilidades blandas tuvieron el mayor impacto en mi vida y liderazgo, y quiero transmitirles lo que he aprendido.

En aras del tiempo, voy a referirme a sólo cinco competencias para los líderes mundiales en la Sección Uno, aunque ciertamente hay más que eso. Estos cinco son, en mi opinión, los principales temas que siguen exigiendo la atención de los líderes de todo el mundo. Es por eso que me refiero a aquellos líderes que están desarrollando estas competencias como líderes globales.

Estas competencias no son exclusivas de una sola cultura; Se encuentran universalmente y, cuando se aplican, traen éxito organizacional y efectividad de liderazgo. He enseñado e impartido conferencias sobre estas competencias en los cinco continentes y he encontrado que son relevantes sin importar dónde estuviera o con quién estuviera hablando.

Echemos un vistazo a las cinco competencias para los líderes globales.

CAPÍTULO 1

APRENDE A MANEJARTE A TI MISMO

Los líderes mundiales de hoy deben saber quiénes son y qué es lo que mejor saben hacer.

En el pasado, antes del advenimiento del "trabajador del conocimiento" (know-ledge worker), las personas tenían oportunidades limitadas. Su trayectoria profesional estaba marcada por la tradición, la herencia familiar o lo que podía proporcionarles una vida decente. Ya no. El aumento de las oportunidades requiere que los líderes se gestionen a sí mismos y tomen sus decisiones sobre qué hacer y qué no hacer.

Si me conoces, o has leído mis otros libros, sabes que no pasará mucho tiempo antes de que cite a Peter Drucker, padre de los estudios modernos de administración. Con respecto a este concepto, Drucker escribió en *Management Challenges for the 21st Century*:

> Las respuestas a las tres preguntas. "¿Cuáles son mis puntos fuertes? ¿Cómo lo hago? ¿Cuáles son mis valores?" debe permitir al individuo, y especialmente al trabajador del conocimiento (know-ledge worker), decidir a dónde pertenece. ... Pero también saber la respuesta a estas tres preguntas permite a las personas decir a una oportunidad, a una oferta, a una tarea: "Sí, lo hago. Pero esta es la forma en *que* debería hacerlo. Esta es la forma en que debe estructurarse. Así es como deberían ser mis relaciones. Este es el tipo de resultados que deben esperar de mí, y en este período de tiempo, porque *esto es lo que soy*". 2

¿Puedes responder a las tres preguntas anteriores? Si puedes, entonces estás en camino de convertirte en un líder capaz de asumir desafíos y responsabilidades globales. Podrás manejarte a ti mismo porque sabrás cuándo decir «sí» y cuándo decir «no». Sabrás en qué parte del mundo invertir. También serás capaz de liderar a otros porque puedes liderarte a ti mismo.

Marcus Buckingham ofrece otro principio para ayudarte a manejarte a ti mismo y ese principio es este:

> Descubre lo que no te gusta hacer y deja de hacerlo. A medida que creces, a medida que experimentas el éxito, debes mantener tus sentidos alerta a aquellos aspectos de tu papel que te aburren, o te frustran, o te agotan. Cada vez que te des cuenta de algún aspecto que no te gusta, no trates de resolverlo. En su lugar, elimínalo de tu vida lo

más rápido que puedas.[3]

Este tema es importante debido a lo que otro escritor llama "exceso de elección". En lugar de explicar lo que eso significa, permítanme compartir con ustedes lo que Roy H. Williams escribió en *The Wizard of Ads*:

> Estamos golpeados, cansados y agotados, pero no son las cosas que estamos haciendo las que nos están desgastando. Es la carga de todas las cosas que no estamos haciendo. Es el conocimiento de las cosas deshechas lo que nos hace desear más horas en un día. Cuando vemos la televisión, son todos los programas que no estamos viendo los que nos vuelven locos. Tenemos demasiadas posibilidades, muy poco tiempo. La elección excesiva ataca de nuevo.
>
> El exceso de elección no solo nos mantiene en el promedio, sino que nos cansa. Nos engañamos a nosotros mismos con la esperanza de que podemos "encontrar tiempo" o "hacer tiempo" para todas las cosas que nos gustaría hacer, sin embargo, el tiempo no se puede encontrar ni hacer. El tiempo continuará pasando junto a nosotros a su propio ritmo, ajeno a nuestra existencia, tal como lo ha hecho desde los días de Adán. No podemos gestionar el tiempo; Solo podemos manejarnos a nosotros mismos. Dejaremos de sentirnos cansados solo cuando hayamos aprendido a decir no al exceso de elección. [4]

Los líderes efectivos saben que no pueden hacerlo todo, que no pueden hacer la mayor parte, sea lo que sea para ellos. Se dan cuenta, como escribió el autor de negocios e investigador Jim Collins, de que todo líder no solo necesita una lista de "cosas por hacer", sino también una lista de "cosas para detenerse y hacer". Peter Drucker creía que si tienes más de cinco objetivos, en realidad no tienes ninguno porque no estás concentrado. El exceso de elección te extenderá tanto que te hará ineficaz. Los líderes mundiales saben que para ser eficaces deben estar centrados. ¿Qué tan concentrado estás?

Sin embargo, no importa en qué se enfoquen los líderes efectivos hoy en día, se dan cuenta de que la expresión de ese enfoque debe ser lo que se conoce como liderazgo de servicio. Los líderes modernos no pueden sentarse en una torre de marfil y exigir la lealtad y obediencia de sus súbditos. Deben proporcionar un trabajo significativo para aquellos con quienes están trabajando. Los líderes de hoy deben ver que están trabajando para sus compañeros de equipo y empleados y no al revés. Más adelante hablaremos de ello.

Una discusión sobre el liderazgo de servicio no estaría completa sin una cita de Robert Greenleaf, cuyos escritos sobre el liderazgo de servicio han impactado profundamente mi propia vida. En *Servant Leadership*, Greenleaf escribió:

> El Siervo Líder es siervo primero. Comienza con el sentimiento natural de que uno quiere servir. Entonces, la elección consciente lo lleva a uno a aspirar a liderar. La diferencia se manifiesta en el cuidado que el sirviente pone primero para asegurarse de que las necesidades más prioritarias de las otras personas sean atendidas primero. La mejor prueba es: ¿crecen como personas los que son servidos? ¿Ellos, mientras son servidos, se vuelven más sanos, más sabios, más libres, más autónomos, más propensos a convertirse ellos mismos en siervos? Y, ¿cuál es el efecto sobre los menos privilegiados de la sociedad? ¿Se beneficiarán o, al menos, no se verán más privados? [5]

Una cita más, esta vez del libro de Max DePree, El liderazgo es un arte, agrega una fórmula simple a nuestra comprensión del liderazgo de servicio: "La primera responsabilidad de un líder es definir la realidad. Lo último es dar las gracias. Entre los dos, el líder debe convertirse en un sirviente y un deudor".[6]

Cuando lidero, ayudo a establecer las reglas básicas desde el principio, termino dando las gracias con la mayor frecuencia posible y trato de servir a los demás de todas las formas imaginables en el medio. Si puedes hacer eso, te estás gestionando a ti mismo de tal manera que te ayudará a desarrollar esta primera de las cinco competencias importantes para los líderes globales.

CAPÍTULO 2

LIDERA PERSONAS, ADMINISTRA COSAS

Los líderes efectivos saben que no pueden dirigir a las personas. Administran las cosas y lideran a las personas. Las personas son demasiado complejas y la conciencia de un líder sobre "lo que hace que la gente funcione" es siempre demasiado limitada para tratar de gestionar, manipular o controlar a las personas durante mucho tiempo. Esta es una conciencia crítica para los líderes globales. ¿Por qué?

No importa cuál sea la naturaleza de tu negocio, si eres un líder, entonces estás en el negocio de las personas.

No se dedica a la fabricación, contaduría o las ventas minoristas. Cada vez más, su trabajo es encontrar, nutrir, servir y mantener una fuerza laboral capaz para llevar a cabo su negocio, sea cual sea.

Cuando entiendes que no puedes gestionar a las personas, te ves obligado a descubrir qué motiva a las personas con las que trabajas. También requiere que desarrolles habilidades de liderazgo que generen y mejoren la creatividad, la innovación y el trabajo en equipo. Cualquier líder que pueda hacer eso es realmente un líder global, sin importar lo que haga o dónde viva.

Recomiendo encarecidamente un libro de Marcus Buckingham y Curt Coffman, *Primero, rompe todas las reglas (First break all the rules)*. Los autores trabajaron para la Organización Gallup y entrevistaron a 80.000 líderes y gerentes efectivos de todo el mundo. Su cita resume efectivamente lo que aprendieron:

> Ellos [los grandes gerentes] reconocen que cada persona está motivada de manera diferente, que cada persona tiene su propia forma de pensar y su propio estilo de relacionarse con los demás. Saben que hay un límite en cuanto a la cantidad de remodelación que pueden hacerle a alguien. Pero no se lamentan de estas diferencias y tratan de aplastarlas. En cambio, los *capitalizan*. Tratan de ayudar a cada persona a convertirse cada vez *más* en lo que ya es. En pocas palabras, esta es la única idea de la que se hicieron eco decenas de miles de grandes gerentes:
>
> La gente no cambia tanto.
> No pierdas el tiempo tratando de poner lo que quedó fuera.
> *Trata de sacar lo que quedó dentro.*
> *Eso ya es bastante difícil* [7]

Los líderes efectivos no preparan a las personas para el fracaso colocándolas en la posición inapropiada en función de sus dones e intereses. Más bien, los líderes trabajan con el talento, la experiencia y las habilidades que tienen las personas y tratan de colocarlas donde tengan una buena oportunidad de éxito. Para hacer esto, un líder debe tomarse el tiempo y dedicar algunos recursos para averiguar, y ayudar a la otra persona a descubrir, quién es y cómo funciona mejor. Los líderes efectivos ayudan a otros a administrarse a sí mismos porque, como discutimos anteriormente, los líderes efectivos están aprendiendo a hacer lo mismo.

Hoy en día, las personas tienen más opciones que nunca. Si no se sienten exitosos en su organización, buscarán en otra parte. En el lugar de trabajo global de hoy en día, pueden buscar otro puesto en cualquier parte del mundo o incluso trabajar en casa a través de Internet.

Por eso digo que estás en el negocio de las personas. Estás compitiendo por el mismo talento que todos los demás. Si no desarrollas la competencia de liderar a las personas (que tienen opciones) y administrar las cosas (como el tiempo, las prioridades, el flujo de caja, etc.), entonces gastarás mucho tiempo y energía reemplazando a los que pierdas, y tu lugar en la economía global se erosionará con el tiempo. Por supuesto, la única "cosa" que puedes manejar eres tú y esa es una tarea lo suficientemente grande como para asumir el papel de administrar a los que están en tu mundo.

CAPÍTULO 3

DESARROLLA ALIANZAS

La tercera competencia de los líderes globales es que sepan cómo desarrollar alianzas, especialmente con sus empleados o voluntarios. Estos líderes piensan como socios y no como dueños o supervisores. No buscan ganar ni quedarse con todo. Saben cómo compartir con los demás: el éxito, las finanzas, el crédito y el crecimiento. Los trabajadores de hoy quieren tener voz en lo que están haciendo, incluso si trabajan para una iglesia, un hospital o una organización del sector social. Incluso si son voluntarios, desean ser tratados con respeto, escuchados y tener algunas opciones para elegir siempre que sea posible.

Si no has captado el mensaje, hazlo ahora: el liderazgo autoritario está muerto, o al menos en la agonía de la muerte porque no funciona. A menos que haya una crisis, la gente no va a renunciar a su "soberanía" laboral por mucho tiempo.

Es por eso que es importante que un líder efectivo esté continuamente buscando alianzas, ya sea que la oportunidad se presente o no dentro o fuera de la empresa. Sin embargo, algunos líderes se preguntan cómo pueden mantener el "control" de su empresa, visión o resultado final mientras construyen alianzas. Como me dijo un empleador: "¡No podemos tener a las personas a las que pagamos diciéndonos lo que van a hacer!"

Consideremos lo que Ken Blanchard de *One-Minute Manager* tiene que decir al respecto:

> La mayoría de las organizaciones suelen ser de naturaleza piramidal. ¿Quién está en la cima de la organización? El director ejecutivo, el presidente, la junta directiva. ¿Quién está en el fondo? Todos los empleados, las personas que hacen todo el trabajo. Las personas que fabrican los productos, venden los productos, dan servicio de apoyo alrededor de los productos y cosas por el estilo. Ahora bien, no hay nada de malo en tener una pirámide tradicional para ciertas tareas o roles. La paradoja es que la pirámide debe estar invertida o al revés dependiendo de la tarea o el rol.
>
> Es absolutamente esencial que la pirámide se mantenga erguida en lo que respecta a la visión, la misión, los valores y el establecimiento de objetivos importantes. Moisés no subió a la montaña con un comité. La gente busca a los líderes en busca de dirección, por lo que la jerarquía tradicional no es mala para este aspecto del liderazgo.

Si bien la visión y la dirección pueden comenzar con el líder, si se trata de personas experimentadas, debes involucrarlos en la formación y el perfeccionamiento de esa dirección. Algunas compañías, como W. L. Gore & Associates, ni siquiera tienen líderes designados. Piensan que el liderazgo es un concepto impulsado por los seguidores. Por lo tanto, el liderazgo debe surgir en lugar de ser nombrado. Pero no importa cómo se determine el liderazgo, proporcionar dirección es un aspecto importante del liderazgo de servicio.

La mayoría de las organizaciones y gerentes se meten en problemas en la fase de implementación del proceso de liderazgo. La pirámide tradicional se mantiene viva y coleando. Cuando eso sucede, ¿para quién cree que trabaja la gente? La persona que está por encima de ellos. En el momento en que piensas que trabajas para la persona que está por encima de ti para la implementación, estás asumiendo que esa persona, tu jefe, es responsable, y tu trabajo es *responder* a ese jefe y a sus caprichos o deseos. Como resultado, toda la energía de la organización se está moviendo hacia arriba en la jerarquía, lejos de los clientes y de las personas de primera línea que están más cerca de la acción [8]

Esto nos lleva de nuevo a la cuestión del liderazgo de servicio y a la segunda competencia, que es liderar a las personas y gestionar las cosas. Los líderes inculcan la visión y luego se aseguran de que las actividades de la organización *sirvan a la visión*, no necesariamente a las preferencias o caprichos del líder. Para que esto suceda, el líder debe asociarse con otros para ayudar a llevar a cabo la misión que logrará la visión.

Puede crear alianzas internas e incluso alianzas con otras empresas cuando esté decidido a idear lo que Stephen Covey llamó situaciones de "ganar/ganar". Veamos lo que dijo Covey en *Los 7 hábitos de la gente altamente efectiva*:

> La creación de acuerdos de rendimiento en los que todos ganan requiere cambios de paradigma vitales. La atención se centra en los resultados; no métodos, ,.. Con la responsabilidad de ganar/ganar, las personas se evalúan a sí mismas, los juegos de evaluación tradicionales que emplean las personas son incómodos y emocionalmente agotadores. En Win/Win (Ganar/Ganar), las personas se evalúan a sí mismas, utilizando los criterios que ellos mismos ayudaron a crear, y si lo configuras correctamente, las personas pueden hacerlo.[9]

Los líderes globales saben cómo desarrollar acuerdos de ganar/ganar. Saben que las situaciones de ganar/perder, perder/ganar o perder/perder no pueden durar mucho. Los líderes efectivos ven a los demás como socios y buscan oportunidades en las que todos puedan beneficiarse.

Tenía un amigo que a menudo decía: "Parte de algo es mejor que un montón de nada". Los líderes globales efectivos de hoy en día no tratan de exprimir hasta el último centavo de un acuerdo, o de negociar la vida de la persona con la que están tratando. Si vas a tener éxito en el mundo de los negocios de hoy, debes aprender a ser un *socio*, y no siempre el que tiene el control. Tendrás la parte de una persona que ellos quieren dar, mientras que ellos retienen otra parte para algo o alguien más.

CAPÍTULO 4

SIÉNTETE CÓMODO CON LA ESPIRITUALIDAD EN EL LUGAR DE TRABAJO

La cuarta competencia para los líderes globales es sentirse cómodos y trabajar con la espiritualidad en el lugar de trabajo. Tal vez estés pensando: "¿Qué tiene que ver la espiritualidad conmigo como líder o con mi organización?"

Permítanme responder diciendo que estoy leyendo algunos conceptos sorprendentes que se relacionan con la espiritualidad en la literatura de negocios.

Por ejemplo, Danah Zohar, escritora y física cuántica, tiene una gran demanda como oradora en conferencias de negocios. En su libro, *Conectando con nuestra Inteligencia Espiritual*, Zohar escribe sobre el "punto o módulo de Dios" en el cerebro, el punto donde la actividad de las ondas cerebrales aumenta cuando se discuten cosas espirituales. Conectó esa área con la capacidad humana para la creatividad, la adaptación al entorno y la comprensión de lo "incognoscible". Cosas increíbles para que la gente de negocios las lea, ¿no crees?

Otros autores, algunos sin afiliación religiosa aparente, se refieren a los líderes empresariales como los "pastores" o "líderes espirituales" de la empresa. Escucho hablar de la Biblia con regularidad en las conferencias seculares de negocios o de liderazgo a las que asisto. Se anima a los líderes a meditar y ponerse en contacto con sus recursos internos. ¿Por qué la repentina conciencia de las cosas espirituales en el ámbito corporativo?

Las generaciones modernas están preocupadas por la búsqueda de significado y sentido. Las vidas y las carreras ya no están guionizadas por el lugar donde vives, lo que hicieron tus padres o lo que los "expertos" dijeron que tenías que estudiar para conseguir un trabajo. Con la disponibilidad de tantas opciones ha llegado una búsqueda de la opción "correcta", incluso si esa elección es solo una búsqueda subjetiva de "¿qué es lo correcto para mí?"

Dado que menos personas asisten a servicios religiosos formales, están empleando el "lugar de Dios" en sus cerebros donde pasan la mayor parte de su tiempo: en el trabajo. Buscan usar sus "dones", crear un legado y encontrar un propósito en lo que hacen. Los líderes que ignoran esto lo hacen bajo su propio riesgo. Perderán buenas personas si les hacen revisar su cerebro (como solían hacer las empresas en el pasado) y su espíritu en la puerta cuando llegan al trabajo.

Robert Greenleaf predijo este despertar espiritual en los años 60 cuando escribió:

> Los grandes profetas religiosos del futuro no serán necesariamente teólogos, filósofos o literatos. Es probable que sean abogados, médicos, empresarios, científicos o políticos. Y llevarán a cabo sus funciones proféticas mientras se desempeñan a un alto nivel de excelencia en su campo profesional. De hecho, a menos que surja una profecía significativa en todos estos lugares, la visión, sin la cual la gente perecerá, no será suficientemente evidente.
>
> La sociedad mundial en la que todos estamos inextricablemente involucrados es demasiado compleja, está en un estado de ánimo demasiado revolucionario y se está volviendo rápidamente demasiado alfabetizada y consciente de sus fuentes de experiencia para que gran parte de la sabiduría profética que necesita sea pronunciada por ministros, eruditos o escritores. Estos, por supuesto, continuarán sirviendo, pero más a la par con aquellos que están más inmersos en el trabajo continuo del mundo.
>
> Las empresas, las oficinas gubernamentales, los bufetes de abogados, las clínicas y los laboratorios científicos no sólo se han convertido en instituciones grandes y sofisticadas e importantes fuentes de nuevos conocimientos, sino que es tan probable que alberguen a un filósofo, un profeta o un santo como el monasterio o la universidad.[10]

Los líderes globales efectivos reconocen que lo que dijo Greenleaf está sucediendo, y están ocupados aprovechando la tremenda creatividad y el poder que esta nueva espiritualidad está liberando. ¿Quién puede explicar de dónde viene una buena idea? ¿Cómo pueden los equipos que crean sinergia ser más efectivos que la suma de las partes? ¿Por qué algunas personas emergen como líderes en su campo de actividad? La verdad es que las respuestas se encuentran en las incógnitas del corazón humano. Los líderes globales de hoy deben entender y aprender a trabajar con esta nueva espiritualidad, o ver cómo su ventaja competitiva se desvanece más rápido que un correo electrónico enviado alrededor del mundo.

CAPÍTULO 5

UTILIZA MENTORES Y ENTRENADORES (COACHES)

Los líderes globales que están seguros de quiénes son crean una cultura de retroalimentación en todo lo que hacen. No pasa un día sin que reciba alguna encuesta de una aerolínea, hotel, consultorio médico o empresa cuyos servicios utilicé recientemente. Piden retroalimentación: "¿Cómo lo hicimos? ¿Cómo podemos hacerlo mejor?" Los líderes se dan cuenta de que esto no es solo un buen negocio, sino que también es una buena herramienta de desarrollo personal y profesional.

Sin embargo, la retroalimentación hoy en día no puede ser unidireccional. Los líderes no solo dan retroalimentación a los seguidores, sino que los seguidores también buscan dar retroalimentación a aquellos que lideran. Cuando llevo a cabo evaluaciones del personal, parte de esa evaluación incluye preguntas como: "¿Le proporcioné para que tuviera éxito en el año pasado? ¿Qué necesitas de mí para ayudarte a tener éxito en el próximo año?"

Una forma segura para que los líderes obtengan la retroalimentación que necesitan, junto con la dirección sobre cómo mejorar, es tener un mentor o entrenador (coach). Estos entrenadores existen para ayudar con lo siguiente:

- Recomendaciones para el crecimiento y el desarrollo en áreas importantes para el personal y la organización.

- Una caja de resonancia de ideas para resolver problemas del personal o para maximizar la eficacia del personal.

- Una organización y programa de desarrollo de liderazgo.

- Identificación y solución de los puntos ciegos en el estilo y enfoque del líder hacia las relaciones.

Los coaches y mentores cambiarán con el tiempo porque las necesidades del líder cambian y a medida que la organización madura. Además, estos entrenadores pueden ser personas que conoces que están cerca o personas que están lejos. Con la tecnología actual, puede encontrar y utilizar entrenadores adecuados para usted sin importar dónde vivan.

Ten en cuenta también que no tienes que tener una relación formal con los entrenadores para que sean efectivos. ¿Cómo es posible? Puedes seguir la carrera de alguien a través de los medios de comunicación cuando es entrevistado, a través de sus escritos y discursos y a través de las redes sociales. Alguien dijo una vez: "La imitación es la forma más elevada de adulación". Puedes estructurar tu vida a partir de alguien que haya tenido éxito antes que tú en un área en la que también desees mejorar.

Y entiende esto: ¡puedes ser entrenado (coachado) o asesorado por alguien que se ha retirado o se ha ido de esta vida! Así es, un gran líder del pasado puede ayudar a formar y dar forma a su estilo y enfoque de liderazgo a través de biografías, autobiografías, personas cercanas a ellos que aún están vivas o visitando los lugares donde trabajaron y vivieron.

Por ejemplo, Mahatma Ghandhi fue mentor del Dr. Martin Luther King, Jr. sobre cómo usar la protesta no violenta como un medio de cambio social, a pesar de que nunca se conocieron. Hoy en día, la vida del Dr. King es estudiada por muchas personas y su vida impacta, guía, entrena y asesora a muchos que buscan liderar con un estilo similar. Me ha impactado personalmente su vida, su ejemplo, sus escritos y sus sermones. He visitado el Centro Martin Luther King en Atlanta, así como otros sitios donde trabajó, vivió y habló. ¿Quiénes son tus héroes? ¿Cómo puedes estudiar sus vidas para aprender de ellas aunque ya no estén presentes?

Por supuesto, cuando tienes un entrenador o mentor, estás equipado para desempeñar el mismo papel para los demás. Este rol encaja bien con la tercera competencia, que es *desarrolla alianzas* con aquellos con quienes trabajas y sirves como líder. Un entrenador eficaz puede tener un impacto en tu vida de tal manera que desees "devolver el favor" y causar una profunda impresión para bien en la vida de otra persona.

Sin embargo, el coaching solo es efectivo si ves tu necesidad de ello. Si crees que lo tienes todo bajo control, entonces querrás entrenar a otros, pero no ves la necesidad de que tú seas entrenado. Eso sofocará tu crecimiento y la gente verá a través de él, porque estarás abierto a dar retroalimentación, pero nunca a recibirla. Eso les dirá qué tipo de líder eres, y obstaculizará tu relación con ellos, minimizando así tu efectividad.

Ahí las tienes: Cinco competencias para líderes globales que te ayudarán a tener éxito en el mundo actual. A modo de repaso, son:

1. Aprende a manejarte a ti mismo.

2. Lidera personas, gestiona cosas.

3. Desarrolla alianzas.

4. Siéntete cómodo con la espiritualidad en el lugar de trabajo.

5. Utiliza entrenadores (coaches) y mentores.

Espero que estés listo para ocupar su lugar en el escenario mundial y hacer una contribución a su mejora. Si es así, te animo a que desarrolles estas competencias. No te dejes relegar a la insignificancia o al fracaso. La elección es tuya y te insto a que elijas el camino de la relevancia y el crecimiento desarrollando estas cinco competencias para líderes globales.

REDEFINIENDO EL LIDERAZGO

Warren Bennis, autor y profesor de la Universidad del Sur de California en Los Ángeles, jugó un papel decisivo en la redefinición de los efectos del liderazgo en entornos corporativos. Su libro *Co-Leaders: The Power of Great Partnerships (Co-Líderes: El Poder de las Grandes Alianzas)* tiene una larga y perspicaz declaración de apertura que resume un cambio crítico en la forma en que se ve el papel del liderazgo en la actualidad:

Este libro refleja nuestra convicción de que hay que mirar más allá de los Bill Gates del mundo para entender qué hará que las organizaciones tengan éxito en el nuevo milenio. En este primer estudio exhaustivo. de los co-líderes y su poder a menudo silencioso, desafiamos la noción consagrada por el tiempo de que todas las grandes instituciones son la sombra alargada de un Gran Hombre o Mujer. Es una falacia que rehúsa morir. Pero si crees, como nosotros, que el genio de nuestra época es verdaderamente colaborativo, debes abandonar la noción de que el mérito de cualquier logro significativo es atribuible únicamente a la persona que está en la cima. Durante mucho tiempo hemos adorado al líder imperial a costa de ignorar a los innumerables otros colaboradores a cualquier labor que valga la pena. En nuestros corazones sabemos que el mundo es más complejo que nunca y que necesitamos equipos de talentos, líderes y colíderes que trabajen juntos, para hacer cosas importantes. El viejo monoteísmo corporativo finalmente está dando paso a una visión más realista que reconoce a los líderes no como dioses organizacionales, sino como los primeros entre muchos contribuyentes. En esta nueva visión de la organización, los co-líderes finalmente se hacen propios y comienzan a recibir el crédito que tanto merecen.[11]

Con demasiada frecuencia, un líder recibe el crédito por grandes logros o cambios en los negocios, los deportes o el gobierno. Se escriben libros sobre ellos y su estilo de liderazgo, pero el mérito de una persona no siempre es exacto. Detrás de cada líder suele haber un buen equipo de personas. Rara vez una persona puede saber o ser todo para las organizaciones a las que sirve. Los fundadores o líderes visionarios pueden pensar que marcaron la diferencia, pero a menudo fueron los primeros entre iguales que hicieron que las cosas se movieran en la dirección correcta. A partir de ese momento, un equipo de otras personas se une y hace el trabajo.

¿Cómo se puede corregir esta obsesión y adoración por los líderes en la cima? Veamos tres cosas que los líderes pueden hacer para construir un concepto de *equipo* mientras preservan el papel crítico que tienen los líderes en cada negocio y organización.

CAPÍTULO 6

REDEFINIENDO EL ROL DEL LÍDER

El liderazgo es una de las ideas más comentadas y menos comprendidas en las discusiones contemporáneas. En el mejor de los casos, el liderazgo es un proceso sutil. Como proclamó el antiguo taoísta: "Cuando el líder lidera bien, la gente dirá: 'Lo hicimos nosotros mismos'. Es necesario ofrecer liderazgo y, si es efectivo, se acepta voluntariamente.
– Robert Greenleaf, *El poder del liderazgo de servicio (The Power of Servant Leadership)*

Es muy fácil sobreestimar la importancia del líder

y subestimar la importancia de que el equipo siga al líder. Peter Drucker, el padre de la administración moderna, escribió en *The Post-Capitalist Society*: "¿De qué deberíamos responsabilizarlo [al trabajador]? ¿Qué información nos debe al resto de nosotros? ¿Qué trabajador tiene que participar en las decisiones sobre qué equipo se necesita, cómo se debe programar el trabajo, de hecho, cuál debe ser la política básica de toda la empresa?"[12] Drucker abogaba por un enfoque más inclusivo del liderazgo.

Tomarse el tiempo para comprender el papel de cada miembro del equipo representa un replanteamiento radical del papel del líder. En lugar de decirles a los trabajadores qué hacer y cómo trabajar, los líderes solicitan participación, aportes y retroalimentación. Los líderes efectivos saben que no lo saben todo. Incluso la persona que barre el piso puede ver desde su perspectiva algo que podría ayudar a la organización y contribuir a una operación más eficiente. Warren Bennis dijo que el líder es "el primero entre muchos contribuyentes". Los líderes usan su poder para armar el equipo y luego sacar lo mejor de cada miembro.

Concentrarme en maximizar la efectividad y la contribución de cada miembro del equipo me ha hecho repensar tres prácticas comunes en mi propio rol de liderazgo. En primer lugar, *ya no llevo a cabo la evaluación tradicional del personal*. Trabajo con mi equipo para ayudarlos a evaluarse a sí mismos. Cada persona debe participar en lo que es responsable: sus objetivos y expectativas laborales. Trato de no basar la compensación en la longevidad del servicio a la organización, sino más bien en el valor agregado a la organización a través del logro de objetivos predeterminados.

En segundo lugar, *he aflojado el flujo de información*. Los salarios y otra información "sensible" no deben estar disponibles solo para los líderes de nivel superior. Todo el mundo tiene derecho a saber cómo se determinan los niveles salariales y qué pueden hacer los empleados para aumentar sus ingresos. Al revelar dónde está invirtiendo la empresa su dinero de compensación, los líderes tendrán miembros del equipo que comprendan mejor los valores y prioridades de la empresa.

En tercer lugar, *he trabajado para que mis reuniones de personal sean más "abiertas"*. No son solo tiempos en los que la gerencia se "reduce" a los trabajadores. Más bien, las reuniones de personal son momentos en los que todos y cada uno pueden plantear preguntas o inquietudes relevantes para su área de trabajo o la de otra persona. Los líderes deben hablar menos en las reuniones de personal y *escuchar más* para ayudar al equipo a lograr lo que hay que hacer.

Estos tres cambios en las operaciones diarias requieren repensar nuestros roles como líderes. Sobre todo, como parte importante del equipo, estoy ahí para "interferir" con los demás, para ayudarles a aportar lo que solo ellos pueden dar.

Hay que construir un equipo, pero aquí hay más para construir un equipo que simplemente elegir a los miembros. Construir un equipo eficaz requiere habilidades e incluye tener un plan de desarrollo, sentar las bases y, finalmente, erigir la estructura en sí.

Comencemos con una definición básica de equipo. Un equipo es un grupo de personas reunidas a largo o corto plazo para llevar a cabo alguna tarea o propósito. El tamaño del equipo no está determinado por la política o la tradición de la oficina, sino por la tarea a realizar. El equipo permanece unido hasta que se completa el proyecto o la tarea y, después, se puede crear un nuevo equipo para una tarea diferente. Incluso puede ser posible, en ciertas situaciones, que las personas elijan el equipo en el que quieren servir. ¡Esa es una forma diferente de ver la formación de equipos! Empiezo a sentar las bases del equipo antes de que sea un equipo, haciéndoles saber a los participantes que valoro sus aportes. Pueden decir lo que piensan, aprendiendo a confiar en que no los reprenderé, me reiré o los descartaré, incluso si no estoy de acuerdo.

Esto me permite conocer a las personas que posiblemente puedan formar parte de futuros equipos. Todas las personas son diferentes. Algunos se mueven rápidamente y otros se mueven lentamente. Algunos no te harán preguntas y otros no serán honestos contigo, incluso si los agarras por los tobillos y los sacudes hacia arriba y hacia abajo. Necesito saber cómo interpretar sus acciones. Quiero sentar las bases y luego terminar la estructura que pueda liberar el potencial de un equipo bien construido.

Ten en cuenta que un equipo no es la solución a todos los problemas o situaciones. Los equipos han sido una moda en algunos círculos de gestión desde hace un tiempo. Los equipos no son una panacea. En algunos casos, tener un líder dominante, especialmente en tiempos de crisis, es un estilo de liderazgo preferible. Esos líderes, sin embargo, deben saber cuándo asumir la autoridad y cuándo comenzar a repartir la autoridad entre los miembros del equipo a medida que se resuelve la crisis o la situación empresarial se vuelve más favorable.

Incluso si los líderes deben asumir el control de una crisis sin un equipo, aún pueden sentarse con tantos empleados como sea posible y compartir con ellos qué acciones se están tomando y por qué. En un ambiente abierto, las personas deben sentirse libres de hacer preguntas y recibir tantas respuestas como el líder pueda y se le permita dar.

Cuando ya se han determinado las decisiones básicas, prefiero hablar con el mayor número de personas posible. Prefiero escuchar sus preocupaciones sobre una situación y el razonamiento detrás de las posibles soluciones que puedan tener. Seguir este procedimiento puede sentar las bases para que el equipo se desarrolle y crezca hasta convertirse en una entidad poderosa.

Tal vez te consideres un constructor de equipos

eficaz. Si es así, pregúnteles a los demás si están de acuerdo. Entrevista a cinco o seis empleados o voluntarios clave y conozca su perspectiva de sus habilidades de creación de equipos. Si tienen sugerencias, ¡no te enojes! Escuche lo que tienen que decir y reevalúe sus acciones pasadas para ver cómo puede mejorar.

Pat Lencioni, autor del best-seller *Las cinco disfunciones de un equipo*, dijo lo siguiente en la introducción del libro:

Al igual que muchos otros aspectos de la vida, el trabajo en equipo se reduce a dominar un conjunto de comportamientos que son a la vez teóricamente sencillos, pero extremadamente difíciles de poner en práctica día tras día. El éxito llega solo para aquellos grupos que superan las tendencias de comportamiento demasiado humano que corrompen a los equipos y engendran políticas disfuncionales dentro de ellos.[13]

Ahora no regreses a la oficina y lances un nuevo programa llamado "Equipo de Operaciones". Si rara vez has utilizado equipos y tienes 60 empleados, no los dividas en diez equipos de seis personas. Crea un prototipo de un equipo y trabaja para construirlo. Aprende lo que funciona y lo que no. Empieza despacio y no aumentes las expectativas más allá de lo que puedes ofrecer.

Si "anuncias abiertamente" sobre los equipos y luego te retiras apresuradamente del tema tan pronto como te enfrentas a una situación desafiante, perderás credibilidad y respeto como líder. La próxima vez tendrás que gritar aún más fuerte. La gente dirá: "Aquí vamos de nuevo. Hemos escuchado ese sonido antes. ¿Qué es lo nuevo de este mes?" No querrás que eso suceda si te tomas en serio ser un líder eficaz y un constructor de equipos. Un buen equipo tarda en construirse, al igual que un edificio. A medida que reconsideres tu estilo de liderazgo, haz que los equipos formen parte de ese estilo y aprende a construirlos sin usar técnicas autoritarias.

Un buen equipo necesita tiempo para construirse. A medida que refinas o repiensas tu estilo de liderazgo, haz que los equipos formen parte de tu caja de herramientas y aprende a construirlos sin recurrir a técnicas autoritarias u otras técnicas obsoletas.

CAPÍTULO 7

HÁBIL CONSTRUCCIÓN DE EQUIPOS

Una vez que comiences a trabajar en la construcción o mejora de tus equipos, hay tres principios clave que debes recordar y aplicar que mejorarán cualquier situación de equipo. No esperes a ser un "experto" en ellos para empezar. Comience a aplicarlos ahora y perfeccione estas habilidades en el camino.

Servicio

El primer problema es el servicio. A lo largo de este

libro, me refiero a Robert Greenleaf, quien escribió *El poder del liderazgo de servicio (The Power of Servant Leadership)* y popularizó la frase "liderazgo de servicio". Greenleaf escribió: "¿Cómo puede una institución ser más servicial? No veo otro camino que el de que las personas que lo habitan sirvan mejor y trabajen juntos hacia la sinergia, que el todo sea mayor que la suma de sus partes".

Cuando la gente piensa en el servicio, a menudo piensa en tareas serviles realizadas de una manera humilde y obediente. En cambio, veo a los líderes sirviendo a sus equipos, haciendo lo que sea necesario para garantizar que todos los miembros tengan éxito y que la misión se cumpla. ¡Ese servicio puede requerir más habilidad que cualquier otra tarea en un proyecto de equipo altamente técnico! Permítanme darles un ejemplo.

Tomé la decisión hace muchos años de dejar la puerta de mi oficina abierta en todo momento. Tomé esa decisión después de escuchar a los líderes de mi complejo de oficinas jactarse de lo accesibles que eran, mientras que en realidad se escondían detrás de puertas cerradas y asistentes administrativos. Vi al personal esperar durante días para hablar con ellos y recuperar información y decisiones importantes. Todo el edificio estaba cerrado con todo el mundo a puerta cerrada.

Al mismo tiempo, visité la sede de una importante organización minorista y nadie tenía oficina, ni siquiera el director financiero. Todos tenían un cubículo y era accesible y visible para todos. Todavía me gusta tener una oficina donde sea posible, pero no quiero usarla como un refugio sino como un lugar de reunión.

No podía cambiar el estilo de gestión de esos líderes que se escondían, porque la mayoría de ellos tenían más antigüedad y autoridad que yo. No habrían sido receptivos a lo que vi ni a mis recomendaciones de cambio. Así que desarrollé una filosofía de gestión personal y liderazgo de que mi puerta permanecería abierta, a menos que estuviera involucrado en una situación de reunión privada. A partir de ese día, organicé mi día para permitir las interrupciones que sabía que vendrían y eran parte de mi trabajo con mi equipo.

Mi motivación para esto fue y es el servicio. Si un compañero de trabajo o un cliente necesita una parte de mi tiempo o una pieza de información que tengo para que haga su trabajo o resuelva un problema, entonces la mejor manera en que puedo servirle es darle esa información o una parte de mi tiempo.

Todavía mantengo mi puerta abierta. La mayoría de los libros de gestión del tiempo que he leído me dicen que no haga esto, pero siento que debo hacerlo. Quiero servir a los clientes, miembros y personas con las que estoy trabajando, por lo que trato de hacer de mi oficina el centro de todas las oficinas. Un asistente o secretaria nunca mantiene a la gente fuera de mi oficina. Quiero que la gente venga para poder ayudarlos.

Si me reúno con alguien y suena mi teléfono, lo dejo ir al buzón de voz. Al contestar otra llamada, le diría al invitado de mi oficina: "El teléfono es más importante que tú". Esto puede parecer una cortesía obvia, pero se viola regularmente. Pequeños problemas como ese pueden dañar tus esfuerzos de creación de equipos más de lo que crees.

Comunicación abierta

El Segundo problema es la comunicación abierta. Una encuesta reciente esbozó las razones que se consideran importantes para decidir aceptar un trabajo con un empleador. El sesenta y cinco por ciento de los encuestados dijo que la "comunicación abierta" era el factor principal. La gente quiere ser escuchada y tener voz en los asuntos que les afectan. Para satisfacer esa necesidad percibida, los líderes deben mejorar sus habilidades de escucha.

Si alguien te está hablando y tus ojos vagan hacia otro trabajo, o estás escribiendo en el teclado de una computadora, saben que no lo estás escuchando. Estás comunicando: "Lo que estás diciendo no es tan importante para mí". ¿Cómo te hace sentir eso cuando te pasa a ti? ¿Por qué iba a ser diferente cuando se invierten los papeles?

Es más, si tomas decisiones importantes que afectan al trabajo de las personas sin consultarlas primero, no eres un buen comunicador. Si la gente se entera de cambios importantes por otras personas y no por ti, no eres un comunicador eficaz. Si retienes información porque no confías en tu equipo, entonces no eres un comunicador abierto.

Larry Spears en *Insights on Leadership*:

La escucha, junto con períodos regulares de reflexión, son esenciales para el crecimiento del líder servidor. Esto implica aprender a escuchar no solo a las personas, sino también los sonidos de tu propia vida. ¿Tu cuerpo está tratando de decirte que disminuyas la velocidad? ¿Tienes un sentido interno para seguir una determinada dirección a pesar de que hay otros caminos que tienen más sentido? Escuchar comienza escuchando tus propias conversaciones y luego prestando atención a las cosas que suceden a tu alrededor".[14]

Spears continúa diciendo que los Siervos Líderes más exitosos son aquellos que se han convertido en oyentes hábiles y empáticos. Mi propia guía religiosa, la Biblia, me enseña a ser pronto para oír, lento para hablar y lento para enojarme (ver Santiago 1:19). La mayoría de las veces, soy exactamente lo contrario: lento para escuchar, rápido para hablar y rápido para enojarme. Los líderes fuertes tienen mucho que decir y, a menudo, tienen un temperamento que lo respalda. Ambos rasgos obstaculizan el libre flujo de la comunicación abierta entre los miembros del equipo. Steven Covey escribió:

Cuando se trata de una persona que viene de un paradigma de ganar/perder, la relación sigue siendo la clave. El lugar para enfocarse es en su Círculo de Influencia. Usted realiza depósitos en la Cuenta Bancaria Emocional a través de una cortesía genuina, respeto y aprecio por esa persona y por el otro punto de vista. Te quedas más tiempo en el proceso de comunicación. Escuchas más, escuchas con mayor profundidad, te expresas con mayor coraje. No eres reactivo. Profundizas en tu interior para tener fuerza de carácter para ser proactivo. Sigues insistiendo hasta que la otra persona comienza a darse cuenta de que realmente quieres que la resolución sea una verdadera victoria para ambos. Ese mismo proceso es un tremendo depósito en la Cuenta Bancaria Emocional.[15]

Reconocer las necesidades individuales

La tercera habilidad que le ayudará a formar un equipo eficaz es reconocer las necesidades individuales. Los formadores de equipos eficaces practican la verdad básica de que no todos son iguales. Cuando busque formas de energizar y motivar a sus empleados o de formar un equipo más eficaz, asegúrese de que sus planes aborden uno o más de los ocho deseos humanos básicos. Según Bob Nelson en *1001 Ways to Energize Employees, (1001 formas de Energizar Empleados)* estos ocho deseos son actividad, propiedad, poder, afiliación, competencia, logro, reconocimiento y significado.

Reconocer que todos somos diferentes, con diferentes motivaciones y valores, me hace querer aprender todo lo posible sobre cada miembro del equipo: no quiero asumir que lo que me motiva motivará automáticamente a todos los demás. Recientemente realicé una capacitación sobre desarrollo de liderazgo para una empresa que compró sillas nuevas para su sala de conferencias. Gastaron mucho dinero en las sillas, pero los empleados se quejaron cuando llegaron.

Los dirigentes no pudieron entender cuando descubrieron el descontento. Desde la perspectiva de la dirección, los empleados eran simplemente desagradecidos. Resultó que los empleados no estaban motivados por las sillas nuevas porque vieron otras necesidades en la oficina que requerían atención. Todo el problema podría haberse evitado si los líderes hubieran preguntado primero a los empleados (comunicación abierta) sus ideas para mejorar la oficina. Rápidamente habrían reconocido que los nuevos presidentes no ocupaban un lugar destacado en la lista de nadie.

Al recompensar a las personas, asegúrese de que aprecien lo recibido y no sólo la toleren. Para un miembro del equipo, el dinero puede ser una bendición. Para otro, el tiempo libre para estar con la familia puede estar más alto en su lista de prioridades. Es trabajo del líder saber qué motiva a los miembros del equipo y brindar aquellas cosas que son significativas como recompensa. Por un trabajo bien hecho.

Ahí tienes tres cosas en las que puedes trabajar que mejorarán tu papel como formador de equipos: servicio, comunicación abierta y reconocimiento de las diferencias y motivaciones individuales. Esas tres prácticas, sin embargo, son habilidades sociales y son aplicables en cualquier industria o línea de trabajo. Sin embargo, desarrollas esas tres características no porque quieras ser una buena persona, sino porque te ayudarán a liderar, sin utilizar ni manipular a las personas en el proceso.

Antes de continuar con la discusión sobre la formación de equipos y sus beneficios, volvamos al tema de la comunicación mencionado en este capítulo y permitamos que el Dr. Wenyika nos hable sobre los beneficios de la Inteligencia cultural en su relación con el tema de la comunicación en el siglo XXI.

CAPÍTULO 8

ALFABETIZACIÓN GLOBAL E INTELIGENCIA CULTURAL

DR. REGGIES WENYIKA

He dedicado un tiempo considerable a pensar en un concepto al que me refiero como alfabetización global. Tal vez sea porque soy de Zimbabwe y ahora vivo y trabajo en Estados Unidos. Hace años escuchamos muchas discusiones sobre la globalización. Entonces todo el mundo se refería a algo llamado la aldea global. Ahora un término más apropiado es el de vecindad o barrio global, porque la tecnología nos ha conectado aún más estrechamente entre sí, incluso si vivimos en todo el mundo. El éxito de una empresa y de un líder dependerá de su capacidad no sólo de ser ciudadano del mundo, sino también de la capacidad de reconocer y operar eficazmente con la diversidad cada vez mayor que está presente no sólo en todo el mundo sino también en su propio país. localidad donde vive o empresa donde trabaja.

Cuando planteo mis argumentos a favor de la alfabetización global y la competencia cultural mientras hablo o me dirijo a estudiantes universitarios aquí en los Estados Unidos, utilizo una serie de ejemplos. Siempre les digo que dentro de unos años quizás quieran solicitar un trabajo para apilar cajas en Walmart en el turno de medianoche. Sin embargo, se acerca el día en que un niño de Singapur con una licenciatura también solicitará ese trabajo y estará feliz de conseguirlo.

Cuando eso suceda, sucederán dos cosas. La primera es que los solicitantes de empleo estadounidenses se sentirán cada vez más resentidos e intentarán restringir el acceso que la vecindad o barrio global brinda a esas oportunidades. A medida que eso ocurra, los niños estadounidenses quedarán cada vez más rezagados y excluidos de los beneficios de la vecindad o barrio global. Rara vez escucho de alguno de mis estudiantes estadounidenses que, por ejemplo, mientras leían el London Times, encontraron un puesto vacante en Middlesboro Middle School y están interesados en trabajar allí. No es porque no tengan la formación, la inteligencia o las habilidades pertinentes. Carecen de alfabetización global: ser conscientes de lo que sucede en el resto del mundo y de cómo se relaciona con lo que podrían estar haciendo por el resto de sus vidas.

A esos mismos estudiantes les digo que el mundo se está volviendo rápidamente más multicultural. Estudios recientes del Instituto de Investigación Social y Económica de la Universidad de Essex y también de la Universidad Estatal de California, por ejemplo, han indicado que las líneas étnicas se están volviendo cada vez más borrosas y que a las personas les resultará difícil decir quiénes son o a qué categoría racial pertenecen. pertenecen, a menos que decidamos identificarlos por el color que tienen. E incluso eso va a ser cada vez más difícil.

Finalmente, señalo que su capacidad de adaptarse y ser flexible en diferentes culturas y subculturas, también determinará su éxito como líderes. Ya sea alguien de la zona rural de Oklahoma, un surfista de las regiones costeras de California, un amante de la música hip-hop o rap del condado de Cook o un ejecutivo de cuello blanco de Wall Street, un líder debe desarrollar cierto grado de comodidad con tales subculturas. y la capacidad de comunicarse eficazmente. Su capacidad no sólo para sobrevivir, sino también para prosperar en diferentes culturas afectará su nivel de potencial de liderazgo.

Muchos de los que enseñan liderazgo han discutido la importancia de la IE - Inteligencia Emocional, pero de igual importancia para el desarrollo de cualquier líder del siglo XXI es la CQ - Inteligencia Cultural. La primera vez que escuché hablar del término "Inteligencia Cultural" fue en el libro de David Livermore, con el mismo nombre, mientras enseñaba Comunicación Intercultural a estudiantes universitarios. Las diferentes culturas se relacionan con el tiempo, el espacio y las relaciones de manera diferente.

Esta es una habilidad blanda importante, y en pocas palabras, CQ es la capacidad de comprender los gestos y la comunicación verbal de alguien de una cultura diferente con facilidad, magnanimidad y empatía, al tiempo que facilita sin esfuerzo la ruptura de cualquier barrera y posible barrera cultural, y cierra cualquier brecha de conocimiento para facilitar una comunicación efectiva. Sabes que estás creciendo en CQ cuando personas de diferentes culturas se sienten cómodas contigo porque pueden ser quienes realmente son. Es posible que no entiendan o incluso no tengan CQ, pero es una habilidad esencial para ti porque eres el líder. Cuando los diferentes acentos no te incomodan ni dificultan tu capacidad para escuchar lo que dicen los demás, tienes CQ. Cuando te das cuenta de que tu cultura no es superior a la de ellos solo porque es diferente, entonces CQ está trabajando en tu vida y marcará la diferencia en tus resultados de liderazgo.

El liderazgo de cualquier empresa ahora debe aprender a tratar con personas de un país extranjero, junto con cómo tomar una llamada y decisión comercial importante en otro país. Si trabajas para una empresa de Fortune 500, probablemente tendrás que subirte a un avión e ir a otro país en algún momento. Una vez allí, debes representar bien a esa empresa y a ti mismo, y se requerirá tu conocimiento global o inteligencia cultural y habilidades blandas, ya que en ese momento, estarás hasta tus reflejos.

Es un hecho bien establecido que la mayoría de los equipos deportivos se desempeñan mejor en su campo o estadio local que cuando están de visita para un juego o partido fuera de casa. Trato de aplicar ese principio a mi trabajo tratando de jugar todos los partidos en casa. Ya sea que estés de acuerdo o en desacuerdo con su visión del mundo o ideas políticas, el presidente Bill Clinton fue dado como un gran ejemplo de lo que estoy hablando por uno de mis estudiantes. El estudiante señaló que Bill Clinton siempre parecía estar en casa dondequiera que fuera. Tanto si estaba en medio de un escándalo como si no, podía comunicarse con un obrero del sur de Estados Unidos con la misma eficacia que con un ejecutivo de Wall Street de la Ivy League del norte. Siempre mantuvo su simpatía e hizo que la mayoría de las personas que lo rodeaban sintieran que eran importantes, independientemente de su origen cultural o subcultural. Incluso se ganó el apodo de "el primer presidente negro". Parecía que estaba jugando todos los partidos en casa. No los ganó todos, pero fue un gran intérprete en cualquier situación.

Recientemente fui elegido vicepresidente de Faith Community Churches International, una comunidad de iglesias en más de 50 países. Creo que me eligieron porque era la única persona que podía unificar a todos los de todas las diferentes culturas y subculturas. Me gusta la gente y reunir a la gente de la India con la gente de África, por ejemplo. Disfruto cerrando la brecha entre la gente de Europa y la gente de los Estados Unidos. Cuando llegué por primera vez a Southwestern Christian University en 2008, teníamos cinco estudiantes universitarios internacionales de cuatro países. En 2014, tuvimos más de 72 de 33 países diferentes. Trabajamos arduamente para crear y fomentar un clima institucional en el que la CQ se entienda ampliamente como un imperativo. No es difícil para nosotros atraer estudiantes internacionales y quiero que nuestros estudiantes aprovechen este entorno y desarrollen las habilidades blandas de CQ.

¿Cómo aprendí a adaptarme tan fácilmente, o a ser sensible a mi necesidad de alfabetización global e inteligencia cultural? Lo aprendí porque fui víctima de mucha insensibilidad e ignorancia al principio de mi vida. Mencioné que crecí en Zimbabue, que durante mi infancia se conocía como Rodesia. Rodesia estaba justo al norte de Sudáfrica y estaba lidiando con un problema similar llamado apartheid (segregación). Los rodesianos negros lucharon por su independencia y fue una experiencia desagradable, como siempre lo son las revoluciones.

Habiendo crecido en la pobreza, formé parte del primer grupo de estudiantes después de la independencia a los que se les permitió ir a escuelas que antes eran solo para blancos. En 1980, fui a la Escuela Primaria Queensdale para mi quinto grado. Llegué a la escuela, pero mi inglés no era bueno y no entendía la cultura. Los estudiantes y el personal me miraban raro porque los negros estaban luchando por la independencia y estaban etiquetados como terroristas, ese era el título oficial de los luchadores por la libertad y de Robert Mugabe, su líder (que todavía es el presidente de Zimbabue).

La escuela tenía simulacros de seguridad y una de esas maniobras de preparación era el simulacro de bombardeo para ayudar a los estudiantes a saber qué hacer si llegaba un terrorista y les arrojaba algo sospechoso. Los niños se escondían debajo de sus pupitres, de manera similar al tipo de simulacros en las escuelas estadounidenses durante la Guerra Fría. Uno de los profesores, que también era entrenador deportivo, decidió que iba a hacer el ejercicio un poco más realista para los niños, así que me eligió a mí. Envolvió una lonchera en una bolsa de papel marrón y me hizo caminar de una clase a otra, arrojándola a las aulas y todos los niños blancos, y los muy pocos negros, corrían a cubrirse.

Me presenté para hacer la prueba para el equipo de natación, y todos me miraron y me preguntaron: "¿Qué estás haciendo? ¿Qué es lo que quieres? Quería ver de qué se trataba la natación. El mismo profesor que me había elegido para el simulacro se adelantó y dijo. "¿Qué quieres? Ve a jugar al fútbol. Eso es en lo que ustedes son buenos". En ese momento, yo era demasiado ingenuo y joven para ofenderme. Me gustaba mucho nadar y, para abreviar la historia, al final de ese período escolar era el mejor nadador de braza del equipo. Seguí nadando hasta la escuela secundaria, participando en los eventos individuales de combinado y braza.

Ahí es donde comenzó mi conciencia de las diferencias culturales y globales. Estaba intrigado por las diferencias y sentía el dolor cuando los demás veían mi singularidad como un problema. Nunca entendí eso y pensé que era contraproducente para construir un buen equipo de natación, ambiente escolar o nación, para el caso, una de las maestras, la señorita Pratt, se interesó en mí y me dijo que necesitaba enseñarme a hablar inglés, si estaba preparado para quedarme después de la escuela. Cuando me preguntó si quería aprender inglés, aproveché la oportunidad. Sin embargo, cuando volvía a casa en Mufakose, el municipio negro en el que vivía, después de tomar dos autobuses, mis amigos del vecindario comenzaron a llamarme el equivalente local de un Tío Tom porque estaba haciendo un esfuerzo adicional para aprender inglés y dicción.

A partir de ese momento, trabajé duro para aprender a reconocer la cultura y encajar en ella, no a ser infiel a lo que soy, sino a ser fiel a lo que creía que Dios me había llamado a hacer y ser. Para mí, esas primeras experiencias cristalizaron el valor de tener a uno o dos individuos que rompen muros, que tienen la capacidad de comunicarse con cualquier cultura y con cualquier persona de cualquier origen, al tiempo que hacen que las personas a su alrededor se sientan cómodas, ya sean de su propia raza, de una raza diferente, de un país diferente o de un grupo cultural socioeconómico diferente. Esta es una habilidad blanda necesaria para el mundo de los negocios del siglo XXI. Ese es mi origen, y es por eso que es tan fácil para mí ver el valor de perseguir la inteligencia cultural. No es solo una cuestión de ser amable, ni es solo lo que hay que hacer, sino que es una buena práctica comercial. Veo el valor, no solo como líder, sino también como cristiano. Puedo servir mejor a las personas que me rodean cuando todos se sienten cómodos y no hay malos entendidos. Hay hermanos africanos, indios o de Europa del Este que vienen con lo que un occidental llamaría un acento marcado, y a la gente le cuesta escucharlos y entenderlos y decir: "Lo siento, ¿qué dijiste?" Puedo escucharlos y entenderlos perfectamente. No tengo ningún problema en escuchar lo que dicen. Los entiendo tanto como entiendo mi propia voz en este momento. No escucho un acento. Escucho su corazón, y esa es una habilidad blanda que me permite servir a las personas de manera más efectiva. Deseo lo mismo para los futuros líderes.

Tener cinco títulos universitarios sería completamente inútil si no pudiera usar la información que aprendí para servir a la gente. Para servirles, debo saber quiénes son y qué es importante para ellos, cómo piensan y qué idioma hablan. Soy la primera persona negra en ocupar el cargo de presidente de nuestra Universidad, y ser la primera en este sentido ha sido la historia de mi vida desde 1996. ¿Qué fue lo que me preparó para estos puestos? ¿Fue mi educación? En parte, sí. Pero más que eso, es mi inteligencia cultural la que me tomé el tiempo de desarrollar y expresar.

¿Qué puedes hacer para aumentar tu inteligencia cultural? No tienes que ir a otro país para hacer eso. Puedes ampliar lo que lees, lo que ves en la televisión y con quién almuerzas. Puedes buscar personas en tu trabajo que no se vean, hablen, piensen o actúen como tú, y pasar tiempo con ellas. Puedes ayudar a los estudiantes internacionales de tu comunidad o puedes visitar una iglesia donde las personas que asisten no son como tú.

Todo eso no es un ejercicio para ser políticamente correcto. Es parte de tu desarrollo como líder global. Cuando te tomas esto en serio, se te abre todo un mundo de oportunidades porque has aprendido a reconocer el valor de la diversidad. Sí, es incómodo como lo es cualquier situación de aprendizaje, pero las lecciones aprendidas son invaluables y permanecerán contigo el resto de tu carrera. Mencioné en varias ocasiones la importancia de comunicación intercultural en este capítulo. Tomemos un tiempo para analizar ese concepto un poco más de cerca en el próximo capítulo.

CAPÍTULO 9

COMUNICACIÓN INTERCULTURAL

DR. REGGIES WENYIKA

A medida que estudiaba la comunicación intercultural, aprendí que la inteligencia cultural es extremadamente importante. Los estudiantes y líderes que crecen sin conciencia global e inteligencia cultural están en una gran desventaja en el mundo tal como es y hacia donde se dirige. Va a ser difícil para ellos ocupar puestos importantes. No trabajarán para las Naciones Unidas ni serán elegidos para trabajar como diplomáticos. No son las personas a las que se va a enviar para negociar el gran acuerdo petrolero en Venezuela,

Oriente Medio o Angola. Ellos administrarán la ferretería local, pero incluso allí la tienda buscará a alguien con un nivel de competencia cultural porque ahora hay muchos latinos y otros grupos étnicos que son clientes, compañeros de trabajo o socios comerciales de los propietarios.

Ten en cuenta que no estoy hablando de aprender un segundo idioma, aunque te animo a que lo hagas, si es posible. Estoy hablando de habilidades blandas que debes practicar a diario. Si quieres empezar o mejorar tu comunicación intercultural y tu inteligencia cultural, hazte estas preguntas:

¿Cómo puedo hacer sentir cómodo a alguien pobre, que en si es una diferencia cultural, a mi alrededor, o rico, cual puede ser una diferencia cultural?

¿Qué pasa si sé que alguien es de otro país? ¿Los evito o busco aprender más sobre ellos y su pasado?

¿Qué pasa si alguien tiene acento o habla otro idioma? ¿Puedo esforzarme por escuchar más atentamente para que no tengan que repetir lo que dijeron? ¿Es hora de que aprenda algunas palabras de otro idioma o variaciones en la pronunciación de las palabras que uso a diario?

¿Qué pasa si la gente es de otra parte de mi propio país? ¿Cómo puedo hacer que se sientan a gusto? ¿Qué puedo aprender de ellos?

¿Mis acciones y gestos comunican mi comprensión de la diferencia en el significado de los valores, el tiempo y el espacio en las diferentes culturas?

¿Soy magnánimo y acepto las diferencias culturales y la necesidad de que comprenda las diferencias mejora mi capacidad para comunicarme de manera efectiva y, en última instancia, servir y liderar?

Estas son algunas cosas sencillas que puedes hacer para ayudar a los demás, y a ti mismo, a desarrollar la competencia intercultural o las habilidades de comunicación. Una es conseguir un coach, alguien que te ayude a expandir tu forma de pensar sobre el mundo. Tenía un grupo de estudiantes de negocios y uno de ellos despertó mi interés. Trabaja para una compañía petrolera como analista financiero. La primera vez que tuve la oportunidad de hablar de su vida fue cuando era estudiante de tercer año de la carrera de negocios. Pasamos un rato hablando de diferentes monedas, le di una lista de canales de televisión para que los viera como tarea, como BBC y RTV. Ese simple ejercicio le abrió los ojos y amplió sus horizontes.

El conocimiento y la información son fundamentales para comprender los matices de las diferentes culturas y países. Le dije que, por lo general, cuando la mayoría de la gente esta despertando, ya he visto todos los canales de noticias y leído la mayoría de los titulares internacionales. Es importante para mí saber lo que está sucediendo en todo el mundo, no por el bien del conocimiento, sino por el bien de mejorar la comunicación con los ciudadanos de la vecindad global. Ese graduado en negocios es una de las personas más seguras y astutas que conozco. Tiene veintitantos años y me dijo que cuando tenga éxito, algún día donará un millón de dólares a la universidad. ¡Esperaré ese cheque!

En segundo lugar, debes convertirte en un entrenador para ayudar a otros a ampliar su base de comparación a medida que ven y aprecian otras partes del mundo. Cuando llevas esas experiencias a tus estudiantes, empleados o familiares, cambia la forma en que priorizan sus valores, cómo asignan los recursos personales y las decisiones que toman. Para los estudiantes, les da esperanza, ya que amplía sus horizontes y posibilidades de lo que pueden hacer con su título o profesión o carrera elegida. De repente, se ven a sí mismos como parte de algo más grande y desarrollan el deseo de vivir vidas más significativas porque se dan cuenta de que no son individuos insignificantes que nadan en un pequeño estanque culturalmente monolítico. Les hace darse cuenta de la importancia de desarrollar habilidades blandas de comunicación intercultural.

Mientras que algunos citan la Inteligencia Emocional (EQ) como el mejor predictor para el liderazgo, creo que la Inteligencia Cultural (CQ o IC) es la mejor preparación para cualquier trabajo en cualquier entorno. Salomón escribió en Eclesiastés que la carrera no es para los rápidos, sino que el tiempo y el azar les sucede a todos. La oportunidad es el ambiente en el que las cosas suceden y Dios le dará a cada individuo una oportunidad.

La mejor manera de prepararse para esa oportunidad es ser una persona que anticipa el entorno al que se enfrentará (o querrá enfrentar) en el futuro. Si sabes con certeza que es un mundo multicultural, entonces la mejor preparación es la preparación intercultural para mejorar la comunicación intercultural. Incluso si vas a enseñar en una escuela pública, no estaría de más hablar español y entender la cultura latina. Te conviertes en un mejor maestro e incluso puede que te paguen más dinero. Algunos de nuestros antiguos estudiantes que son bilingües están trabajando en la industria de las ciencias del comportamiento. Se les paga más dinero por poder hablar español, incluso si nunca se cruzan con una persona que hable español.

Estoy entusiasmado con las oportunidades que se avecinan para aquellos que no se sienten intimidados por esta nueva aldea global en la que vivimos, trabajamos y ministramos. Estoy dispuesto a dedicar el resto de mis días profesionales a construir mi propia inteligencia cultural junto con la de los demás para poder mejorar mi comunicación intercultural, mi competencia y mi relevancia. Te invito a unirte a mí en esta aventura, porque tu deseo de ser un líder servidor, aunque loable, se verá seriamente afectado a menos que incluyas en tu repertorio la capacidad de servir a todas las personas y no solo a aquellas que piensan, se ven o actúan como tú.

Y ahora, volvamos a la discusión del Dr. Stanko sobre la formación de equipos y sus beneficios para el líder global.

CAPÍTULO 10

BENEFICIOS DE LA CONSTRUCCIÓN DE EQUIPOS

Para evitar que la formación de equipos sea una moda pasajera que esté aquí hoy y se vaya mañana, es esencial que comprenda algunos de los beneficios para su negocio. Los siguientes son tres beneficios principales que se sumarán a los resultados de cualquier organización.

Innovación

"Uno de los peldaños para una operación de clase mundial es aprovechar el poder creativo e

intelectual de todos y cada uno de los empleados"
- Harold A. Poling, ex presidente y CEO de Ford
Motor Company

¡Algunos líderes creen que sus cerebros son mejores para comprender su negocio particular que todas las demás cabezas combinadas! Sin embargo, me he sorprendido en más de una ocasión cuando a un empleado tranquilo y de bajo perfil se le ocurrió una gran idea que agregó valor a la operación de mi negocio. Es por eso que todos deben estar presentes y contribuir en las reuniones de personal. Ningún líder es lo suficientemente inteligente como para saberlo todo, por lo que la gerencia necesita crear un flujo de comunicación que no solo cubra los detalles, sino que también deje la puerta abierta para que se presente una buena idea. Alguien dijo una vez que todos somos más inteligentes que uno de nosotros, pero no todos somos tan inteligentes como deberíamos ser.

Sin embargo, esta atmósfera abierta no ocurrirá a menos que trabajes para desarrollarla. Aquí está la prueba de lo que estoy diciendo. Cuando estabas en la escuela primaria y alguien te dijo: "El director quiere verte", ¿qué pensaste? ¿Pensaste: "¡Oh, eso es genial! He estado queriendo conocerlo y discutir algunas mejoras en la cafetería". No, probablemente estabas muerto de miedo, pensando: "¿Qué he hecho?"

Esto se debe a que el miedo existe entre el líder y el seguidor y no tienes que hacer nada para crearlo. Simplemente existe. Por lo tanto, debes trabajar para disminuir el miedo para que la comunicación y las relaciones puedan fluir y desarrollarse.

La creatividad y la innovación no son patrimonio exclusivo de la alta dirección. Las personas de todos los niveles ven las cosas desde su propio punto de vista. Solo un tonto no aprovecharía la experiencia de vida que puede permitir que alguien haga una contribución significativa al negocio.

Muchas personas no compartirán sus ideas ni darán la retroalimentación necesaria porque tienen miedo de parecer tontas, no creen que nadie escuchará lo que están diciendo o no reconocen su buena idea por lo que es.

Para que se produzca la innovación, el equipo debe ser diverso. Debe incluir, siempre que sea posible, diferentes edades, géneros y grupos culturales. Y puede que no esté de más preguntar a la gente si les gustaría ser incluidos en el equipo de un determinado proyecto. Las personas saben lo que pueden aportar y, si demostraron su valía en el pasado, se les debería dar la oportunidad de trabajar en un proyecto que disfrutarían.

Excelencia

"La excelencia en la fabricación es el resultado de la dedicación al progreso diario. Hacer algo un poco mejor cada día." - Robert Hall, profesor de la Universidad de Indiana

El compromiso con la excelencia es el segundo beneficio de la formación de equipos. Es la dedicación a hacer algo un poco mejor cada día. La excelencia no se puede imponer a través de eslóganes hábiles o campañas que se centran en cosas externas. La excelencia es un asunto del corazón, y las personas solo se arriesgarán a darlo todo cuando estén seguras de que no se aprovecharán de ellas ni serán ridiculizadas.

Solía equiparar la excelencia con la perfección, pero ya no cometo ese error. Ahora persigo el progreso porque he llegado a ver que la excelencia es un proceso, no un programa. Si el boletín que producimos es un poco mejor que el último, estoy contento. Puede que todavía no sea lo que queremos que sea, pero está mejorando. Eso es excelencia.

Los equipos están mejor preparados para buscar y alcanzar la excelencia porque un grupo de personas a menudo puede motivarse entre sí de manera mucho más efectiva que cualquier líder. Y como hemos visto, un grupo de personas debidamente motivadas está mucho mejor equipado para ser creativo e innovador que cualquier persona.

Mi experiencia favorita de excelencia es la de Nordstrom's, una tienda departamental estadounidense. En una ocasión, compré cuatro camisas formales en un Nordstrom's de San Francisco. Mientras iba de compras por ese centro comercial, finalmente me di cuenta de que había extraviado la bolsa. Inmediatamente retomé los pasos que había dado, que finalmente me llevaron de regreso al mostrador de ventas donde compré las camisas.

Le pregunté al vendedor si alguien había entregado mis camisas perdidas. Cuando le expliqué lo que había pasado, el vendedor me dijo: "¿Por qué no eliges cuatro camisas más?"

Le respondí que no podía permitirme comprar cuatro más. En ese momento, aparecieron otros dos representantes de ventas y me ayudaron a identificar las cuatro camisas exactas que había perdido. Los pusieron en una bolsa, me los entregaron y dijeron: "¡No hay cargo! ¡Feliz Año Nuevo de parte de Nordstrom's!"

Eso sí que es excelencia. La política de la empresa dictaba que no tenían que consultar con su supervisor para satisfacer las necesidades de un cliente. Como equipo de ventas, se dedicaron a mi satisfacción, una dedicación que les hizo hacer algo que iba más allá de la norma. ¿Adivina dónde he comprado casi todas las camisas de vestir durante los últimos 25 años?

¿Cómo te sientes cuando te encuentras con algo así? ¿Te gustaría formar parte de un equipo que está pensando de forma innovadora en cómo pueden producir excelencia y la sensación de logro que la acompaña? La verdadera excelencia solo puede provenir de un equipo motivado y decidido a hacer que el trabajo de cada día sea un poco mejor que el día anterior.

Retención

"El 34% de todos los encuestados en una encuesta nacional citaron el 'reconocimiento limitado' como la razón más común para dejar un empleador".

La retención es un tercer beneficio de la formación de equipos. Mantendrás a tus trabajadores o voluntarios por más tiempo cuando disfruten de lo que están haciendo y de las personas con las que están trabajando. Una parte importante de la retención de los trabajadores es el reconocimiento adecuado de las contribuciones y el trabajo realizado. Los equipos tienden a dar este reconocimiento a las personas más que a las estructuras de liderazgo autoritarias.

Un estudio de empleados de 65 lugares de trabajo produjo los siguientes resultados.

El 58% dijo que nunca ha recibido un agradecimiento personal por el trabajo realizado;

El 76% dijo que nunca ha recibido un agradecimiento por escrito;

El 78% dijo que sentía que no había sido ascendido a pesar de que su desempeño ameritaba un ascenso;

El 81% dijo que nunca ha recibido elogios públicos;

El 92% dijo que nunca se había encontrado con una reunión para levantar la moral.

A menudo tenemos miedo de dar elogios por miedo a que alguien nos pida más dinero o algún otro beneficio. Si te tomas en serio la formación de equipos, ¡digo que no escatimes elogios a la gente! Cuando alguien hace algo bien y lo notas, felicita con voz alta y hazlo saber a todos.

Quiero que las reuniones de mi equipo y mi estilo de liderazgo levanten la moral, no que la derriben. Lo primero que hago con un equipo después de completar un proyecto o evento es hacer una lista de todo lo que hicimos correctamente. Junto con eso, repartimos aplausos y felicitaciones. Solo entonces abordaremos lo que podríamos hacer mejor la próxima vez.

Se necesita tiempo para capacitar a un miembro del equipo y le cuesta dinero a tu empresa cuando se va, aunque algunas salidas son inevitables y son simplemente el costo de hacer negocios. Pero además de desear el éxito de la otra persona, quiero ayudar a los resultados de la empresa haciendo todo lo posible para retener a los buenos trabajadores y beneficiarme de la experiencia que han acumulado. Con eso en mente, me comprometo a construir un equipo en cualquier situación en la que sea apropiado.

Aquellos que puedan construir equipos efectivos liderarán el camino en el siglo XXI. No es fácil construir un equipo y a corto plazo puede parecer que hay más problemas que beneficios. Requiere una redefinición del papel tradicional del líder como jefe supremo de todos los eventos y decisiones bajo el techo corporativo. También requiere un aumento en el flujo de información entre todos los niveles de gestión y un contacto más abierto y enérgico con el personal.

Para construir un equipo efectivo, el líder debe ser parte del equipo, no creerse superior a ellos de ninguna manera. Los líderes necesitan mejores habilidades de escucha y un compromiso renovado para comprender lo que motiva a los miembros individuales. Los beneficios de la innovación, la excelencia y la retención de empleados valen la pena para cualquier líder que quiera ocupar un lugar en el mundo de los líderes globales.

LA ESENCIA DEL LIDERAZGO DE SERVICIO

Ya hemos tocado el tema del liderazgo de servicio en las secciones anteriores. Quizás te estés preguntando: "¿Por qué la necesidad de dedicar una sección entera a este tema?" Hoy en día, muchos expertos en liderazgo creen firmemente, al igual que nosotros, que no se puede ser un líder eficaz del siglo XXI hasta que los principios del liderazgo de servicio sean una parte firme de su filosofía de liderazgo. Peter

Senge, autor de The Fifth Discipline (*La Quinta Disciplina*), dijo: "No te molestes en leer ningún otro libro sobre liderazgo hasta que primero leas el Liderazgo de Servicio de Robert Greenleaf's".

Lo que se llama liderazgo de mando y control ya no es tan efectivo como antes si el objetivo es el desarrollo de personas y equipos. Los conceptos que se encuentran en el movimiento de liderazgo de servicio son el único antídoto que he encontrado para un estilo autoritario. El liderazgo de servicio es el único camino hacia el éxito para el líder global.

No vemos el liderazgo de mano dura como una cuestión cultural, peculiar de una sociedad en particular. Lo vemos como un problema de naturaleza humana, hay una jerarquía de autoridad en casi todas las culturas que visitamos, sin importar el país, y la gente, en su mayoría, está descontenta con ello.

Por ejemplo, Inglaterra ha tenido que reevaluar el papel y la percepción de la monarquía moderna. Cuando la princesa Diana fue asesinada, muchos de los ciudadanos británicos no estaban contentos con la forma en que la familia real respondió a esa tragedia. La monarquía tuvo que hacer cambios y participar en algunas relaciones públicas para volverse más accesible y estar en contacto con la gente. Yo [el Dr. Stanko] estuve en Inglaterra durante el funeral de la Reina Madre y vi a la Familia Real mezclarse con la multitud. Sí, nadie es inmune al impulso hacia el liderazgo de servicio.

Peter Block escribió un libro titulado (Stewardship: Choosing Service Over Self-Interest.) *Mayordomía: Eligiendo el servicio sobre el interés propio.* Esto es lo que Block dijo sobre el liderazgo, el poder y la autoridad:

> La comunidad crea una oportunidad para que la persona esté en una posición de poder. El poder nos es otorgado por aquellos a quienes "lideramos". No reclamamos el poder, no nos lo

transmiten otros en el poder, no tenemos ningún derecho inherente al poder, ya sea por derecho de nacimiento, talento o incluso logro. Si servimos a aquellos que nos ponen en nuestra posición, entonces en una organización los destinatarios de nuestro servicio y fideicomiso son los trabajadores principales. Ellos son la comunidad, y ellos son a quienes nos hacemos responsables. Podemos ser nombrados por una junta directiva o un ejecutivo, pero se les da su autoridad tanto por las personas que hacen el trabajo como por cualquier otro grupo de propietarios.[16]

Con eso en mente, presentamos estos capítulos que se enfocan exclusivamente en los principios y habilidades consistentes con el liderazgo de servicio.

CAPÍTULO 11

AL SERVICIO
DE LAS PERSONAS

Seamos realistas. Lo que yo llamo el "estilo de gestión de Moisés" ha existido durante más de 4.000 años. Moisés bajó de la montaña con los Diez Mandamientos y le dijo al pueblo lo que tenía que hacer porque era la voluntad de Dios. Y si eres tú el que está a cargo, esa es una buena configuración para ti. Tienes poder y puedes dirigir la organización con un movimiento de tu mano o una directiva de tu boca, bolígrafo o computador. El CEO de una gran corporación le dijo una vez al autor de negocios Henry Cloud: "Sí, estoy ridículamente a cargo" Pero hace siglos Lord Acton dijo que el poder *tiende* a corromper y el poder absoluto corrompe absolutamente. Los líderes corrompidos por el poder son un problema humano, no importa dónde vivan.

Alguien en África me preguntó sobre la viabilidad de que los países de allí hicieran la transición de un estilo de liderazgo autoritario a un estilo de líder más servicial, ya que gran parte del continente tiene una cultura de jefes tribales fuertes.

Abordando su primera preocupación refiriéndome a Nelson Mandela, difunto Presidente de la República de Sudáfrica. Había un hombre que tenía argumentos para la venganza y el autoritarismo cuando asumió el cargo, después de haber sido encarcelado 27 años por el sistema del apartheid. En cambio, eligió ser un líder siervo y se ganó la admiración de su nación y del mundo.

Señalé que cualquier transición de este tipo conduciría a la pérdida de control, pero eso es un avance positivo cuando eso sucede. Ninguna persona es tan inteligente o dotada que pueda saberlo todo sobre su organización o su mundo. Una pérdida de control puede ser algo bueno para el líder y la organización. Recuerde que Moisés tenía tanta presión sobre él que en una ocasión tergiversó a Dios y, en consecuencia, no pudo entrar en la Tierra Prometida

Es difícil estar a cargo y sentir la presión de producir todas las respuestas. De hecho, es arrogante pensar que cualquiera puede saberlo todo. Lo opuesto a la arrogancia, la humildad, y la humildad es algo que todo líder de servicio tiene en gran cantidad.

Recientemente, estaba leyendo sobre el propietario de una cadena de tiendas de comestibles exitosas en Irlanda que decidió que la innovación en el servicio al cliente y el servicio público requieren el mismo rasgo: humildad. Son los siguientes:

1. Mis clientes saben más que yo.

2. Mis empleados saben más que yo.
3. Ni mis empleados ni yo podemos ser creativos todo el tiempo.
4. Lo que sabía ayer no es suficiente para hoy.
5. No respondo lo suficientemente rápido a mi cliente.

Este hombre tiene la actitud requerida para ser un líder de servicio, sabe cuánto no sabe, los siervos líderes abordan su posición con tanto asombro como las personas que trabajan a su lado. Los líderes de servicio se dan cuenta de su ignorancia y de su dependencia de otras personas cualificadas que se comprometen a hacer un buen trabajo. Armados con esta actitud, los líderes de servicio saben que lo más inteligente es empoderar a aquellos con quienes trabajan,

Los líderes que sienten que van a perder el control al convertirse en un líder de servicio tienen razón, pero ¿es el control realmente el problema aquí? Si estás interesado en que tu empresa crezca, un día crecerá más allá de tu capacidad para controlarla, o incluso para entenderla. El CEO de AT&T probablemente no entiende mucho de la operación hoy en día, aunque se sienta en la cima y hay una medida de experiencia que aporta a esa corporación, tiene que confiar en los vicepresidentes senior, vicepresidentes, gerentes de línea, representantes de servicio al cliente y muchas más personas para hacer que AT&T funcione bien. Es posible que el CEO no entienda lo que hacen esas personas, pero tiene que asegurarse de que los valores sean coherentes en toda la empresa y de que la visión quede clara.

Peter Drucker escribió: "El trabajo de la gerencia es descubrir qué es lo que está haciendo que impide que la gente haga un buen trabajo, y dejar de hacerlo". Esa actitud está muy lejos de la normal que dice: "Soy el jefe. Harás las cosas a mi manera o de lo contrario. Yo sé lo que es mejor"

Si usted es una corporación que cotiza en bolsa,

entonces piense en este tema de control. ¡Ya lo has perdido! Es posible que tengas algunos secretos (bueno, no si estás haciendo las cosas legalmente de todos modos), pero estás siendo vigilado constantemente. Si no haces tus predicciones, o incluso insinúas que no las harás, el precio de tus acciones cae. Y si tratas de guardar secretos, serás descubierto. Pregúntele a cualquiera de los funcionarios de Enron. Durante algún tiempo, el tema del liderazgo de servicio parecía fuera de lugar como práctica empresarial. Pueden imaginar mi sorpresa cuando leo y escucho a líderes empresariales y autores referirse regularmente a Robert Greenleaf, el principal defensor del liderazgo de servicio, como uno de los contribuyentes más significativos a la teoría moderna del liderazgo. Después de numerosas recomendaciones para leer cualquier cosa que Greenleaf escribiera, decidí echar un vistazo a lo que el hombre tenía que decir.

¡Las ideas de Greenleaf han cambiado mi vida para bien! Cuando leí por primera vez *El Poder del Liderazgo de Servicio (The Power of Servant Leadership)*, literalmente me dejó sin aliento. Leía una declaración y aspiraba aire por mis dientes, haciendo un silbido al exhalar, para disgusto de los que me rodeaban en el avión. Estoy seguro de que volví loca a la gente, pero no pude evitarlo.

¡Aquí había material que había esperado y anhelado escuchar o leer, proveniente de un escritor de negocios! Es cierto que Greenleaf pertenecía a la tradición Quaker (cuáquero) y obviamente se basaba en gran medida en sus raíces judeocristianas, pero era un escritor de negocios que se dirigía a la gente de negocios. Sí, el liderazgo de servicio es mucho trabajo, pero vale la pena a largo plazo. Con eso en mente, echemos un vistazo más de cerca a las habilidades y rasgos clave de un líder de servicio.

CAPÍTULO 12

INFLUENCIANDO A LAS PERSONAS

Robert Greenleaf también se refiere al liderazgo de servicio como "liderazgo religioso". Hemos vuelto una vez más a la necesidad de que los líderes mundiales se sientan cómodos con la espiritualidad en el lugar de trabajo, que es la Competencia Cuatro de la Sección Uno. La palabra *religio* en latín significa "atar" y más concretamente "atar a los heridos". Greenleaf señaló que las organizaciones modernas (incluidas las iglesias) han herido a muchas personas. Lo que él sentía que faltaba era un liderazgo que pudiera restaurar a las personas, junto con su confianza en el liderazgo y las organizaciones.

Greenleaf escribió:

Cualquier influencia o acción que vincule, recupere y sostenga a dichas personas alienadas como personas cariñosas, serviciales y constructivas, y las guíe en la construcción y mantenimiento de instituciones de servicio, o que proteja a las personas normales de los peligros de la alienación y dé propósito y significado a sus vidas, es religiosa… Juntas, como *liderazgo religioso*, estas dos palabras se usan aquí para describir las acciones tomadas para sanar o construir inmunidad contra dos graves enfermedades contemporáneas: (1) la alienación generalizada en todos los sectores de la población, y (2) la incapacidad o falta de voluntad para servir por parte de demasiadas de las instituciones, grandes y pequeñas, que conforman nuestra compleja sociedad.[17]

Dos cosas en particular se destacan al reflexionar sobre los conceptos de liderazgo religioso. Ellos son: 1) la prueba del liderazgo es que alguien lo sigue *voluntariamente*; y 2) el liderazgo siempre es iniciador, no controlador o imitador. Puede que ya sean básicas para tu comprensión, pero fueron revolucionarias para la mía.

Inicialmente, mi propio estilo de liderazgo no incluía estos aspectos, por lo que estaba "maduro" para recibir estas ideas. A medida que he meditado sobre ellas y las he desarrollado, me han hecho hacer cambios serios en mi propio estilo y filosofía.

El "seguimiento" voluntario no ocurre en el vacío ni se lleva a cabo en obediencia silenciosa. Los líderes no se sientan a meditar, esperando que los seguidores y los trabajadores capten sus ondas mentales. Los líderes de servicio siempre están hablando y compartiendo su visión, y a menudo son hábiles persuasivos.

La persuasión es quizás la habilidad principal en el repertorio de un líder de servicio (la otra habilidad clave es escuchar). Muchos líderes no abrazan el liderazgo de servicio porque la persuasión sin la ayuda de la manipulación y la coerción requiere tiempo y paciencia. A menudo hay una urgencia con los líderes de arriba hacia abajo que exige velocidad, y su estilo autoritario se presta para obtener respuestas rápidas. En lugar de permitir que los empleados resuelvan un problema, a menudo es más fácil para el líder tomar la decisión por todos.

La persuasión no solo requiere tiempo, sino que la persuasión también requiere visión. Cuando estás persuadiendo a alguien, estás "vendiendo" a la gente lo que la organización está haciendo y hacia dónde va. Entonces les estás dando una visión de cómo encajan en el panorama general. Ken Blanchard escribió en *Insight on Leadership*:

> El liderazgo es un proceso de influencia en el que se intenta ayudar a las personas a alcanzar sus objetivos. Todo buen liderazgo comienza con un papel visionario. Esto implica no solo establecer objetivos, sino también establecer una imagen clara de la perfección: cómo se vería la operación cuando funciona de manera efectiva. En otras palabras, el liderazgo comienza con un sentido de dirección. En el libro que escribí junto con Juan Carlos y Alan Randolph, *Empowerment Takes More Than A Minute (Empoderamiento toma más que un Minuto)*, dijimos: "Un río sin orillas es un gran charco". La orilla permite el fluir del río; Le dan dirección al río. El liderazgo consiste en ir a alguna parte; No se trata de deambular sin rumbo. Incluso Alicia en el País de las Maravillas aprendió ese concepto cuando llegó a una bifurcación en el camino y le preguntó al gato de Cheshire qué camino debía tomar. Él le respondió preguntándole:

"¿A dónde vas?" Básicamente, ella dijo: 'No lo sé'. Su respuesta no se hizo esperar. "Entonces no importa qué camino tomes". Si no estás seguro de hacia dónde vas, tu estilo de liderazgo tampoco importará realmente. Quiero dejar en claro que cuando hablamos de liderazgo de servicio, no estamos hablando de falta de dirección. [18]

Un buen líder explica la realidad tan claramente que la visión, no la personalidad del líder, mantiene a las personas enfocadas y dirigidas. Si sabes a dónde vas, quieres que la gente te siga de buena gana, y no sólo para recibir un sueldo. Por último, la persuasión requiere mucha fuerza personal. No me refiero a la fuerza física, sino a la fuerza de carácter y al compromiso. Cuando persuades a alguien para que se mueva en una determinada dirección, aunque puedas apelar apasionadamente a ellos, debes detenerte antes de controlarlos o manipularlos. Puedes pedirles que hagan un compromiso significativo que implicará sacrificio y trabajo duro, pero si deciden no hacer el viaje, entonces los liberas con gracia y buena voluntad. O puede darles tiempo para que decidan lo contrario.

Ese tipo de comunicación es difícil y requiere disciplina y fuerza de compromiso. Se necesita fuerza para no enfadarse con los miembros del equipo que son más lentos para llegar a donde quieres o crees que tienen que estar. Debido a que usted, como líder, a menudo sabe lo que debe hacer, debe tener fuerza para mantener las cosas en la dirección correcta mientras los demás toman una decisión. Veamos otra cita de Robert Greenleaf:

La persuasión se deriva de llegar a la sensación de estar en lo correcto sobre una creencia o acción para el sentido intuitivo de uno. Uno da un paso intuitivo, desde la aproximación más cercana a la certeza que puede ser alcanzada por la lógica consciente (a veces no muy cercana), hasta el estado en el que uno puede decir con convicción: "Creo en esto". El acto de persuasión, al limitar la definición, ayudaría a ordenar la lógica y favorecería el paso intuitivo. La persona persuadida debe dar ese paso intuitivo por sí sola, sin trabas coercitivas o estratagemas. La persuasión sobre un tema crítico es un proceso difícil que requiere mucho tiempo. Exige una de las habilidades humanas más exigentes.[19]

La persuasión entra en juego debido al punto mencionado anteriormente: los líderes a menudo inician nuevas direcciones e ideas. Este papel iniciador del liderazgo requiere que el líder trabaje para crear un consenso entre el equipo con respecto a la corrección de la dirección o decisión. La mayoría de las veces, las personas no se oponen a que el líder decida, pero les gustaría saber que el líder al menos consideró su punto de vista, incluso si ese punto de vista no es aceptado.

A medida que crezco en habilidades de liderazgo de servicio, disfruto el desafío de presentar una idea, crear consenso y elaborar los resultados. Primero, ayudo a establecer una imagen clara del problema y la realidad, y luego facilito la discusión de todos los temas, esforzándome por poner todo sobre la mesa. Ese diálogo puede llevar algún tiempo y requiere que me convierta en un miembro regular del equipo para no imponer mi punto de vista a la fuerza.

A veces, si la discusión es acalorada, tengo que levantar la sesión para hablar con algunos miembros del equipo en privado o aconsejo a varias personas que no están de acuerdo que se reúnan, trabajen en sus diferencias e informen al equipo. En otras ocasiones, me he abstenido de tomar mi decisión durante un tiempo. De vez en cuando concluyo que todas las partes han sido escuchadas y anuncio una decisión final, tomándome el tiempo para explicar mis razones y cómo la posición de cada persona contribuyó a mi veredicto final, incluso si no estaban de acuerdo.

Cuanto más me esfuerzo por ser un líder de servicio y construir consenso, más cauteloso soy con la unanimidad. Quiero iniciar ideas y acciones como líder, pero no quiero un grupo de personas que digan "sí" a mi alrededor y que automáticamente estén de acuerdo con lo que digo o sugiero porque soy el jefe. Quiero personas que entren en debate, compartan su punto de vista e incluso peleen (de manera respetuosa) por lo que creen que es correcto. Peter Drucker solía aconsejar: "Disentir siempre; ¡Discutiendo nunca!" Si propongo algo en lo que todo el mundo está de acuerdo de inmediato, la mayoría de las veces pongo la discusión sobre la mesa y la reviso más tarde para ver si a alguien se le ha ocurrido otra perspectiva para desafiar lo que propuse.

Por supuesto, hay momentos en que los líderes tienen que hacer a un lado o enfrentarse a personas obstinadas. Si las personas siempre se oponen a lo que el líder quiere hacer, entonces esas personas pueden tener que preguntarse si están siguiendo al líder correcto. Existe una medida de confianza entre el líder y el seguidor que ninguna de las partes puede o debe aprovechar. Cuando esa confianza se ha ido, entonces la relación se termina y el líder de servicio tiene que hacer lo valiente: ¡cambiar o terminar la relación!

Hay mucho más material disponible hoy en día sobre la práctica y la habilidad de la persuasión si quieres profundizar en esto, pero por ahora, es hora de que pasemos al siguiente concepto que es parte de la esencia del liderazgo de servicio.

CAPÍTULO 13

DESARROLLO DE LAS PERSONAS

Hasta este punto, hemos hablado de las habilidades de servicio y de liderazgo de persuasión que ayudarán a crear consenso entre el equipo. Sin embargo, si eso es todo lo que hay que hacer en el liderazgo de servicio, entonces parece que simplemente ser cortés con los demás puede hacer el trabajo. En realidad, sin embargo, no puede.

Construir el equipo es uno de los resultados de un liderazgo efectivo, como discutimos anteriormente. El desarrollo individual de los miembros del equipo es otro. Cuando escuchas y te esfuerzas por ayudar a los miembros del equipo a entender, debes hacerlo porque te preocupas por las demás personas. No puedes ser solo un dictador benévolo, sino que debes ser alguien que tenga en cuenta los mejores intereses de los demás y, al mismo tiempo, no pierdas de vista el premio de las ganancias. La mayoría de las veces, las personas bien entrenadas, seguras y que confían en sí mismas brindan resultados rentables.

Esto es lo que Peter Senge dijo sobre lo que llamó la organización de aprendizaje en su libro de clase, *La Quinta Disciplina (The Fifth Discipline)*. No hace falta decir que no hay organización que aprenda sin personas que estén aprendiendo en todos los niveles de la organización:

> Practicar una disciplina es ser un aprendiz de por vida. "Nunca llegas", te pasas la vida dominando disciplinas. Nunca se puede decir: "Somos una organización que aprende" más de lo que se puede decir: "Soy una persona iluminada". Cuanto más aprendes, más agudamente te das cuenta de tu ignorancia. Tal vez por eso, con demasiada frecuencia, las grandes organizaciones son fugaces, disfrutan de su momento bajo el sol, y luego pasan silenciosamente, de vuelta a las filas de los mediocres. [20]

Ya no basta con tener a una persona aprendiendo para la organización, un Ford o un Sloan o un Watson. Ya no es posible "resolverlo" desde arriba, y hacer que todos los demás sigan las órdenes del "gran estratega". La organización que realmente sobresaldrá en el futuro serán las organizaciones que descubran cómo aprovechar el compromiso y la capacidad de aprendizaje de las personas en todos los niveles de una organización.[21]

Las organizaciones de aprendizaje son posibles porque no solo es nuestra naturaleza aprender, sino que amamos aprender.[22]

Este es, entonces, el significado básico de una "organización que aprende", una organización que está continuamente expandiendo su capacidad para crear su futuro. [23]

Jim Collins, en otro libro clásico llamado de Bueno a Grandioso (*Good to Great*), investigó las empresas que han superado a todas las demás en rendimiento bursátil en los últimos diez o veinte años. Una de las características que encontró en cada una de estas "grandes" empresas fue lo que denominó (Level-Five Leadership) "Liderazgo de Nivel Cinco". Para Collins, los Líderes de Nivel Cinco están en la cima en lo que respecta al desarrollo del liderazgo. Collins caracteriza a los Líderes de Nivel Cinco como hombres y mujeres humildes que entienden sus verdaderas contribuciones al equipo. Lo que más me intrigó fue lo que Collins escribió sobre "el principio de la ventana y el espejo".

Primero, veamos "el principio de la ventana". Los Líderes de Nivel Cinco parecen estar mirando "por la ventana" cuando las cosas van bien. ¿Qué buscan? Están buscando a otras personas con las que puedan compartir el crédito del éxito. Los Líderes de Nivel Cinco saben que tuvieron un papel en el éxito, pero también se dan cuenta de que no fueron los únicos en exhibir un desempeño sobresaliente. Al darse cuenta de esto, buscan repartir el crédito entre los miembros del equipo que desempeñaron un papel importante.

¿Qué quiere decir con «el principio del espejo»? Collins afirma que los Líderes de Nivel Cinco primero se miran en el espejo cuando las cosas no salen como se esperaban. No responsabilizan a los demás ni señalan con el dedo acusador. Esto no significa que los demás no sean parcialmente responsables, sino Líderes de Nivel Cinco y tratan de determinar lo que podrían haber hecho de manera más efectiva. A partir de ahí, estarán menos a la defensiva y acusatorios cuando se reúnan con otros miembros de su equipo de liderazgo para evaluar qué salió mal.

Este es el lenguaje del liderazgo de servicio. Cuando un líder está seguro y tiene los intereses de los demás en el corazón, no está en un viaje de ego, utilizando a los demás para impulsar aún más el éxito o cubrir los fracasos.

Un líder de servicio también trabajará para desarrollar a las personas y su potencial, sabiendo que esta inversión siempre paga altos rendimientos, incluso si esas personas dejan la empresa por una mejor oferta en otro lugar.

Si estás en el negocio de las personas (y lo estás), entonces debes hacer que tu meta y objetivo sea desarrollar a las personas que tienes. Por ejemplo, regularmente pago al menos el 50% de los costos de cursos o capacitaciones de cualquier empleado que asista, relacionados con su puesto actual o un puesto que podría ser suyo en el futuro. Eso es lo que todos tenemos que hacer, porque tenemos que desarrollar a las personas. De hecho, casi insisto (de una manera persuasiva) en que los miembros de mi equipo asistan al menos a una conferencia cada año que pertenezca a su área de especialización. La empresa también debe cubrir ese gasto.

Como líder de servicio, debo ver el inmenso valor de estar involucrado en el desarrollo de las personas con las que trabajo. No hay duda de que hay algún riesgo al hacer esto. Por ejemplo, puedes invertir en el desarrollo de personas y, cuando lleguen al punto de productividad, pueden irse para iniciar su propia empresa o unirse a su competidor. Ese es el riesgo que debes correr.

Intentas cubrir esos riesgos en contratos laborales que detallan los términos para la partida de alguien, pero perjudicas a tu organización si intentas cubrir ese riesgo reteniendo a las personas a propósito. No proporcionar formación continua también conlleva su propio riesgo: tendrás personas trabajando para ti que carecen de las habilidades y los conocimientos necesarios para ayudar a tu empresa a crecer.

Tratar de aferrarse a las personas sofocando su desarrollo no funciona en el mercado laboral actual. Veo gerentes y líderes que hacen esto regularmente. Al igual que los agricultores que trabajan la tierra hasta que se agotan todos los nutrientes, desgastan a las personas con las tareas que les encomiendan, pero no ofrecen la oportunidad de recargar energías con nuevas capacitaciones, cursos estimulantes o nuevos equipos. Con demasiada frecuencia, la mentalidad es: "El liderazgo va a recibir la capacitación, pero las hormigas obreras no. Los trabajadores solo tienen que hacer su trabajo. No podemos permitirnos el lujo de que asistas".

Debemos ampliar nuestra perspectiva para ver el potencial de toda nuestra gente plenamente desarrollada. La gente puede sonreírte y decir: "Sí, señor o señora". Entonces, un día desaparecen, y te costará más de lo que te das cuenta cuando eso suceda.

La esencia del liderazgo de servicio es servir, influir y desarrollar a las personas, y no controlarlas, dominarlas y manipularlas para los propios fines del líder. El objetivo es que las personas sigan voluntariamente a medida que el liderazgo inicia e influye a través de la persuasión paciente. Con ese fin, los líderes de servicio siempre están aprendiendo, creciendo y escuchando, y están ayudando a otros a hacer lo mismo. Cuanto más rápido reevalúes tu propia filosofía de liderazgo e incorpores los principios del liderazgo de servicio, más rápido verás que se produce un crecimiento real en tu organización y en ti.

CAPÍTULO 14

ILUMINA EL CAMINO

DR. REGGIES WENYIKA

Los líderes de servicio iluminan el camino. La gente habla de todo tipo de estilos diferentes de liderazgo. Pero para mí, no importa a qué teoría o modelo te suscribas, ya que el liderazgo de servicio es la base de todos los demás estilos de liderazgo. Los líderes son servidores. Puedes ser un líder de servicio sin importar la etiqueta que lleve tu estilo de liderazgo, y en mi opinión hay algunas excepciones, como el transaccional. Es por eso que, para mí, el liderazgo de servicio es clave para los líderes globales del siglo XXI.

Si no eres un líder de servicio, te encontrarás cada vez más fuera de contacto con las personas a las que quieres dirigir. Tuve la oportunidad de cruzarme temprano en mi vida con un líder empresarial exitoso de Zimbabue mundialmente conocido llamado Strive Masiyiwa. Antes de comenzar su empresa actual, tenía un grupo llamado Kingdom First (Reino Primero), que estaba formado por empresarios que se reunían para orar, elaborar estrategias y animarse unos a otros. En ese momento, yo era un joven ejecutivo de ventas en una empresa médica llamada National Diagnostics cuando me invitaron a ser secretario del grupo. Solía tomar las actas y aprender mientras me sentaba y las escuchaba a todas.

En una de esas reuniones, Strive dijo algo que impactó mi vida y mi filosofía de liderazgo y que permanecerá conmigo por el resto de mi vida. Dijo: "Si quieres tener éxito en los negocios, tienes que entrar en un negocio que realmente agregue valor a la vida de otra persona o estar fabricando o vendiendo un producto que agregue valor a la vida de las personas. Y si quieres ser el líder más exitoso en ese negocio, necesitas tener una actitud que diga que estás aquí para servir a aquellos que están agregando valor". Su filosofía era que, para tener éxito, tienes que ser una persona que agregue valor a la vida de otras personas. Eso significa que los estás ayudando como un líder de servicio. Aprendí de este principio de Strive mucho antes de leer la obra de Robert Greenleaf.

Desde entonces, he llegado a la conclusión de que el liderazgo de servicio tiene tres componentes críticos. En primer lugar, para ser un líder de servicio eficaz, tienes que ejercer un liderazgo encarnado. Hay que dominar "el arte de estar ahí", de estar presente en el momento con la gente. No puedes liderar sirviendo si estás desconectado o ausente de tu equipo o de aquellos a quienes estás sirviendo. Para ser un líder de servicio eficaz, desarrolle las habilidades blandas de estar presente. Tenga en cuenta que uno puede estar físicamente presente, pero emocional, espiritual e intelectualmente ausente. Se necesita disciplina, ya que esto va en contra de algunos paradigmas de liderazgo prevalecientes. Es importante permanecer conectado independientemente de si se mantiene en contacto electrónicamente o si tiene una presencia física continua. El mejor ambiente para influir en las personas que te siguen ocurre cuando están convencidas de que te preocupas por ellas y que entiendes el mundo en el que viven y trabajan y en el que les estás pidiendo que sirvan. Los líderes de servicio saben que es importante no ser percibidos por sus seguidores como distantes o incluso elitistas. Inmediatamente te ganas el respeto de la gente y el derecho a hablar en sus vidas.

Un líder servidor debe estar conectado y eso es lo que significa ser un líder encarnado. Dios es el máximo líder encarnado que el mundo haya visto jamás. El nacimiento de Jesucristo fue el resultado de la decisión de Dios de guiarnos estando presente en la carne a través de Jesús y continuando hoy a través del Espíritu Santo. Jesús logró todo lo que hizo con 12 hombres por este medio. Invirtió tiempo en los discípulos. Ellos se pusieron a trabajar con Él, y Él les dijo y les mostró que Él no había venido para ser servido, sino para servir. Es importante que los líderes de servicio convenzan a las personas de que se preocupan por ellas con sus acciones, y una forma es simplemente estando allí, una habilidad blanda muy necesaria

En segundo lugar, un líder servidor es aquel que empodera. Hay diversas interpretaciones de lo que es el empoderamiento. Sin embargo, al estar en la vida de las personas, los líderes de servicio están mejor equipados para empoderar a los seguidores porque saben lo que necesitan la mayoría de las veces. Las personas necesitan herramientas, habilidades, actitudes y comportamientos que les ayuden a alcanzar sus necesidades más prioritarias. Un líder servidor eficaz es, por naturaleza, un buen entrenador. Están ahí para mostrarle a la gente el camino y mostrarles cómo hacer lo que hacen. Son las mejores animadores de toda la organización. Y al ser encarnados, saben quiénes y dónde están las personas y luego sacan sus pompones figurativos y animan a las personas, alentándolas a un nivel más alto de rendimiento y realización personal.

Los líderes de servicio, en lugar de caminar para ver si alguien está haciendo algo mal, caminan buscando encontrar a alguien que está haciendo algo bien para poder resaltar y alentar lo bueno en otras personas. Se preocupan por el desarrollo profesional del individuo y quieren ayudar a aumentar las competencias y habilidades, la capacidad y la eficacia de todos los miembros de la organización. Los líderes que sirven buscan y canalizan recursos de desarrollo personal y profesional hacia las personas para que puedan ganar confianza y sentirse bien con su papel en la organización.

Las personas a las que se sirve, tienden a desarrollar una lealtad a largo plazo a la organización, porque tienen un líder que les ayuda a desarrollarse. Pasan de ser solo asalariados y mercenarios económicos o industriales, a ser partes interesadas o personas que están comprometidas con el éxito de la organización porque tienen un líder que camina con ellos y comparte continuamente la visión. Los líderes siervos son encarnados e instintivamente empoderan a quienes los rodean.

En tercer lugar, un líder de servicio ilumina el camino para todos los que lidera. No confundas ser un sirviente con la sumisión. Esa confusión es la razón por la que mucha gente no se siente atraída por esta forma de liderazgo. Asumen que cuando sirves, estás sirviendo a los seguidores del equipo. No, los líderes siervos no están subordinados a sus seguidores. Los líderes de servicio saben cuándo es el momento de liderar desde el frente, cuándo es el momento de liderar desde atrás y saben cuándo es el momento de liderar en medio de sus seguidores. En cierto sentido, un líder siervo ilumina el camino para sus seguidores.

Una buena ilustración de esto se encuentra en la costumbre judía en Hanukkah (Janucá) o el Festival de las Luces cuando los judíos encienden velas que son parte de una Menorá. La Menorá tiene ocho velas, pero la novena vela se llama shamash. Durante esa festividad judía, se usa una vela para encender otra vela, una para cada uno de los ocho días de la festividad. Después de la ceremonia de encendido de las velas, el shamash se coloca por encima o por debajo de las otras ocho velas. Nunca puede estar al mismo nivel que las otras ocho velas, pero sigue siendo solo una entre otras velas. Su luz se une a la luz de sus compañeras velas y permite que cada vela arda brillantemente. Los judíos askenazíes encienden primero el shamash o vela del sirviente y luego la usan para encender las otras velas. Los líderes siervos son como la vela del siervo o el shamash. Proporcionan luz a las otras luces.

Así es como actúa un líder servidor. Un líder siervo ilumina el camino. Y un líder siervo está preparado para ser consumido con el fin de proporcionar luz a los seguidores. Saben cuándo liderar desde arriba o liderar desde abajo. Con sus acciones, primero envían un mensaje a sus seguidores de que no hay nada que les estén pidiendo que hagan que no estén dispuestos a hacer ellos mismos. En segundo lugar, no están pidiendo a los seguidores que vayan a donde no han ido antes. En tercer lugar, tienen cuidado de sus seguidores y están preparados para liderar desde atrás para vigilar desde allí cuando la situación lo requiera. La vela shamash se llama la vela del sirviente, o la ayudante. Esa es una gran ilustración de lo que hacen los líderes siervos. Iluminan el camino para todos.

Ahí tienes tres aspectos o características de los líderes de servicio. Sé que hay más, pero en resumen, los líderes de servicio están encarnados o presentes en la vida de aquellos a quienes sirven, empoderan a otros para que tengan éxito a medida que iluminan el camino; Y están preparados para liderar desde arriba o desde abajo, desde el frente o desde la retaguardia, en cualquier posición que sea mejor para los seguidores. En el próximo capítulo, veremos dos características que son comunes a todo líder de servicio.

CAPÍTULO 15

UNA CULTURA DE LIDERAZGO DE SERVICIO

DR. REGGIES WENYIKA

"Cada hombre es superior a mí en el sentido de que puedo aprender de él." - Thomas Carlyle

"En mis caminos, cada hombre que conozco es mi superior de alguna manera, y en eso aprendo de él".
• Ralph Waldo Emerson

Me he dado cuenta de que los líderes de servicio siempre están aprendiendo y mejorándose a sí mismos, aprovechando su capacidad de liderazgo y construyendo su potencial, esto puede parecer contradictorio con lo que he escrito hasta ahora, e incluso puede sonar un poco egoísta por parte del líder, pero no lo hacen para sobresalir o para dejar seguidores atrás. Lo hacen para poder llevar a sus seguidores con ellos. Siempre están en un viaje de descubrimiento para la superación personal, y siempre abren puertas para aquellos a quienes están liderando. Son estudiantes de la vida, siempre aprendiendo de los demás y siempre pensando en los demás.

Como mencioné anteriormente, nací en Zimbabue durante los días coloniales, cuando el país se llamaba Rhodesia. Rodesia había sido una colonia británica y luego fue gobernada por un régimen opresivo que había declarado unilateralmente la independencia de Gran Bretaña en 1964. La población local obtuvo su independencia en 1980. Incluso después de la independencia, la cultura británica seguía siendo dominante. La gente todavía tenía mucha pleitesía hacia la reina y la monarquía británica, ya que casi todos los zimbabuenses habían crecido en esa cultura y no habían conocido nada más. Nos esforzábamos por hablar con acento británico, bebíamos té a las cuatro de la tarde y preferíamos todo lo británico.

Los ultranacionalistas o los que querían romper con todas las influencias europeas acusarían de "colonizados" a los que todavía eran británicos en sus costumbres. Fueron etiquetados como todavía colonizados intelectual o emocionalmente porque mucho después de que los británicos se hubieran ido, todavía se comportaban como los británicos. La gente bromeaba diciendo que algunos habían sido colonizados sin posibilidad de reparación y que nunca podrían ser cambiados

Es posible que se pregunte qué tiene que ver eso con el liderazgo de servicio. Mi respuesta es que esta "colonización" es lo que hacen los líderes siervos. Crean una cultura de liderazgo de servicio que impacta e influye en las personas tan profundamente que comienzan a actuar y liderar como servidores y no pueden separarse de ella. Incorporan la cultura de manera tan efectiva que incluso cuando están físicamente ausentes de sus seguidores, sus seguidores quedan atrapados en el ADN y el espíritu de su líder y actúan como su líder. Es lo que saben, lo que prefieren y lo que son. Piensa en la palabra colonización en un sentido positivo. El espíritu de generosidad, servicio, magnanimidad y competencia intercultural de un líder debe impregnar la cultura de su organización y, debido a que esto se ha hecho desde un corazón de liderazgo de servicio, los seguidores dispuestos a absorber el espíritu.

Cuando los líderes de servicio funcionan en una organización y luego se van, otros líderes con un espíritu similar brotarán dentro de la organización. El espíritu de un líder de servicio es contagioso, al igual que en África cuando la gente fue colonizada. No me gusta la palabra colonización, así que sustituyámosla por la palabra transformación. Tal vez deberíamos referirnos a ello como una adquisicón total de la cultura organizacional por parte de los seguidores.

Mejor aún, nos referiremos a ello como la incorporación de valores de servicio dentro de la cultura de una organización. Los líderes de servicio efectivos son buenos para impactar y establecer los valores dentro de la cultura de una organización. Incluso en su ausencia física, nunca están realmente ausentes de la organización, porque su espíritu todavía prevalece. Ahora que lo pienso, esa es otra manifestación de la presencia encarnada que discutimos en el capítulo anterior.

Actualmente me desempeño como presidente universitario de una institución privada en el estado de Oklahoma. Tengo la oportunidad de moldear, moldear e incluso cambiar la cultura de la universidad. No puedo hacerlo solo, por supuesto, por lo que debo buscar oportunidades para crear aliados y socios que estén contagiados de los valores del servicio, el desarrollo profesional y el empoderamiento.

Por ejemplo, cuando nuevas personas ingresan a nuestra organización, hago todo lo posible por conocerlas y pasar algún tiempo con ellas porque quiero que sepan quiénes son. Quiero comenzar de inmediato a infectar su psique con mi ADN y mi perspectiva de liderazgo y mi visión para la universidad. Paso por fases en las que me las arreglo caminando, como lo había etiquetado el autor de negocios Tom Peters. Durante la primera semana de clase, estoy allí. Trato de caminar por cada clase y saludar a cada nuevo profesor y a tantos de los nuevos estudiantes como sea posible durante la orientación. Estoy estrechando la mano, reuniéndome con los padres, respondiendo a las preguntas que hacen y planteando y respondiendo preguntas que no han hecho.

Quiero que me conozcan y sepan qué es lo que me motiva. Paso tiempo con los profesores y los estudiantes porque quiero que me entiendan. Hay algunos líderes que dicen que la familiaridad como la que estoy promoviendo genera desprecio. Tengo que ser honesto en que generará desprecio si el líder no está a la altura de sus valores. La gente no es estúpida. Si les dices: "Tengo tiempo para ti", pero no pueden conseguir una cita para verte durante meses, saben que estás diciendo una cosa y haciendo otra. En ese momento, su familiaridad con tu hipocresía generará un desprecio que hará que te descarten como un fraude. Sin embargo, es cierto que algunos pueden desarrollar desprecio si su perspectiva de liderazgo no se asemeja al liderazgo de servicio. Sin embargo, si alguien te observa actuar constantemente según los valores de liderazgo de servicio y todavía genera desprecio hacia ti, entonces no pertenecen a tu organización, deben ser deseleccionados. Si ven el liderazgo de servicio como un signo de debilidad y quieren poder, entonces es mejor que se separen lo más rápido posible porque ninguna cantidad de socialización funcionará.

La gente de nuestra universidad me conoce. Siempre hay estudiantes en mi casa, especialmente durante las vacaciones y particularmente estudiantes de tierras extranjeras. También trato de estar en la mayoría de los eventos universitarios. Cuando no estoy, siempre estoy en contacto porque delego en personas que se comportan y ven las cosas de la misma manera que yo.

La otra cosa que hacen los líderes siervos es abrir puertas. Cuando dirijo desde el frente, abro las puertas de una patada para poder decirle a la gente que me siga a través de esas puertas. Estoy estableciendo los estándares para la organización y para el tono de liderazgo que me gustaría ver, así como dando el ejemplo de traer a otros conmigo. Si me doy cuenta de las oportunidades de desarrollo personal, siempre estoy presionando a las personas que lidero para que aprovechen esas oportunidades para mejorar. Cuando lo hacen, la organización se beneficia, pero, lo que es más importante, ellos se benefician. Los líderes de servicio deben desarrollar la habilidad blanda de morir a sí mismos practicando quitarse a sí mismos de sus mentes. Hace que lo que acabo de hablar sea fácil.

No es raro que le diga a un miembro del equipo que hay vida para ellos después de su carrera en Southwestern Christian University y que aproveche la oportunidad para obtener ese título adicional. Si deciden quedarse durante los próximos 15 años o dos años es irrelevante. Si se van en dos años, no pasa nada. Cuando nos encontramos. De nuevo, después de que se han ido, nos damos un buen apretón de manos o un abrazo y seguimos hablando. Espero que en algún momento miren hacia atrás y estén agradecidos de que su camino se haya cruzado con el mío y el de Southwestern Christian University porque los animé a hacer algo y les abrió una puerta para ir a otro lugar. Cuando lidero desde el frente, me esfuerzo por abrir puertas para otros. Cada estudiante de último año con el que tengo la oportunidad de hablar, trato de alentarlo a ir más allá y obtener sus títulos mas avanzados.

También he aceptado el hecho de que no soy el tipo más inteligente de la sala, así que trato de ser el más cariñoso, el más solidario, el que está ansioso por ver a las personas sobresalir más que todos los demás en la sala. Hasta cierto punto, por eso soy rector de la Universidad. No es que sea más inteligente que todos. Tengo inteligencia y experiencias únicas. He leído, estudiado y tengo conexiones en la educación superior. Eso, sin embargo, no es realmente por eso, me preocupo por la gente.

Cuidar de las personas es lo que soy, es mi fortaleza. Al principio de mi carrera, decidí que iba a aprovechar mis fortalezas y usarlas para servir a los demás, y lo hago porque Dios me da la capacidad de hacerlo. Sé cuándo el ser amado de una empleada está enfermo o cuándo alguien del personal ha dado a luz. Sé cuándo un empleado se está inscribiendo en la escuela de posgrado, y voy a hablar con ellos y alentarlos. Sé cuándo un empleado está escribiendo su disertación y cuál es su tema. No tengo que hacer un esfuerzo porque eso es lo que soy.

Cuando era el vicepresidente de la Universidad, le dije a la facultad y al personal que yo era el rector hasta que apareciera el verdadero. Cuando apareció el verdadero, entonces seguí adelante. Solo puedo ser un líder de servicio efectivo si no soy posesivo con mi posición. Llegué a este país sin nada y no me molesta seguir adelante sin nada. Siempre estoy buscando una oportunidad para servir, y hay muchos lugares para servir. Tengo el ojo puesto en dos o tres empleados que serían mejores presidentes que yo. Simplemente no están listos en este momento, pero pueden contar con el hecho de que los presionaré. Asistirán a seminarios y reuniones conmigo en algún momento.

Estoy donde estoy hoy porque pasé mucho de mi tiempo siendo promotor de otras personas, y es por eso que sé que estoy en Southwestern University por una razón y por una temporada. En este momento es necesario que alguien lidere la organización que sepa cómo levantar a las personas. Llegará un momento en el que tendré que seguir adelante y alguien más con un conjunto diferente de habilidades tomará mi lugar. Al final del día, quienquiera que sea, todavía tendrá que ser un líder de servicio.

Si tuviera que redefinir el campo del liderazgo, tendría lo que yo llamo un dominio primario y un dominio secundario de liderazgo. Les diría a todos que se aseguren de que su dominio principal sea el liderazgo de servicio. Luego, su dominio secundario puede ser el papel que desempeñan que coincide con su personalidad y talentos naturales. De esa manera, no están tratando de ayudar a las personas u operar como líderes fuera de la gracia y los dones que Dios les ha dado, sino que lideran en función de sus fortalezas.

Cuando asumí la presidencia, un hombre sabio me dijo que el día que pensaba que dirigía la Universidad era el día en que empezaba a perderla. Me recordó que la Universidad estaba dirigida por la gente en las trincheras, a menudo sin títulos ni personal. Mi trabajo consistía en velar por su bienestar y desarrollo profesional, y proporcionar el mayor apoyo psicosocial, junto con un entorno enriquecedor y productivo para quienes realmente dirigen la universidad.

Alguien dijo una vez que los líderes siervos no sirven en sus propios términos. Sirven en los términos de otras personas y en su mejor interés. A veces las personas ni siquiera saben qué es lo que necesitan, o no saben cuáles son realmente sus mejores intereses. Sin embargo, si eres un líder servidor eficaz, eres capaz de discernir qué es lo que tus seguidores necesitan y proporcionárselo. Cuando experimenten la transformación, dirán que su vida nunca ha sido la misma desde que tú entraste en ella. Eso es para lo que trabajo y eso es lo que espero lograr en mi posición actual y para cualquier otra persona que me siga. Espero que se unan a mí en este noble y valioso esfuerzo de ser un líder global comprometido a convertirse en un líder de servicio. Comienza con hacer pequeños ajustes y aprender habilidades blandas.

LIDERAZGO ENTIEMPOS TURBULENTOS

Puede pensar que el contenido de esta sección se refiere solo a situaciones comerciales críticas o de emergencia, pero son para el trabajo diario porque vivimos en tiempos comerciales turbulentos. El líder de hoy debe aprender a existir en el contexto del cambio, el caos y la turbulencia. Ese es el statu quo en el futuro previsible.

Considere lo que Danah Zohar, física cuántica y

escritora de negocios, escribió en (Reacondicionando el Cerebro Corporativo) *Rewiring the Corporate Brain*:

> Todos los sistemas biológicos, desde la bacteria más simple hasta cosas tan complicadas como nosotros mismos y nuestras organizaciones, son patrones autoorganizados de energía dinámica al borde del caos. Este es el secreto: la capacidad de la vida para adaptarse creativamente a las condiciones cambiantes. Y desmiente la creencia anterior del viejo paradigma de que todos los sistemas equilibrados tienden a la estabilidad.[24]

> El paradigma newtoniano, que vimos antes, describe un mundo que es simple y respetuoso de la ley. Es un mundo enmarcado en la certeza, un mundo que podemos controlar. El paradigma cuántico, por el contrario, describe un mundo complejo y caótico, un mundo incierto. Cualquier intento de diseccionar la complejidad o regular la incertidumbre con un control práctico frena, o incluso destruye, todo lo que es rico, interesante y creativo sobre un sistema natural autoorganizado.[25]

> Con su Principio de Incertidumbre e indeterminismo, un paradigma cuántico en el liderazgo ciertamente enfatizaría la incertidumbre en lugar de la certeza. Vería la incertidumbre no como un escollo, sino como una oportunidad.[26]

Peter Drucker ha dicho que la única forma posible de gestionar el cambio es iniciarlo. De lo contrario, siempre estás jugando a "ponerte al día". Dado que estás liderando en un entorno tan volátil, necesitas habilidades especiales para una era especial. Siga leyendo para obtener más información sobre esas habilidades especiales que lo ayudarán a liderar su organización en tiempos turbulentos.

CAPÍTULO 16

VISIÓN PARA EL FUTURO

"Lo que ahora está demostrado sólo se imaginó"
- William Blake - El matrimonio del cielo y el infierno.

"Donde no hay visión, el pueblo perece"
- Proverbios 29:18.

En la primera sección, discutimos la necesidad de sentirse cómodo con un cierto nivel de espiritualidad en el lugar de trabajo. Es un fenómeno del mundo empresarial moderno. Cito a William Steere, ex presidente de la junta directiva y director ejecutivo de Pfizer Inc., quien comenta sobre esta tendencia:

> En primer lugar, el líder del futuro debe ser más flexible, con una mayor variedad de experiencias. En segundo lugar, el líder del futuro verá sus responsabilidades "ceremoniales" o "espirituales" como la cabeza de la organización como una función necesaria y crítica, no una trivial que deba ser soportada o delegada a otra persona. En tercer lugar, de manera relacionada, los problemas comerciales globales concomitantes se han vuelto tan complejos que la toma de decisiones no puede centrarse efectivamente en la parte superior.[27]

Muchos líderes consideran que la visión es algo para los iniciados o algo que está disponible solo para aquellos que piensan en términos abstractos y creativos. Sin embargo, si está liderando hoy, tal vez su papel más importante sea articular una visión común, comunicarla a su equipo y luego trabajar para garantizar que las actividades comerciales se alineen con la visión. No hay motor más poderoso para impulsar a una organización hacia la excelencia y el éxito a largo plazo que una visión atractiva, valiosa y alcanzable del futuro ampliamente compartida por todos los interesados.

La visión es, en muchos sentidos, un ejercicio espiritual. "Ves" algo que no existe; Hablas de ella como si existiera. "Sientes" lo que encaja con la visión; Actúas por instinto e intuición, a veces basándote en un sentido de cuál es la estrategia correcta e incorrecta. Es posible que tengas que cambiar tus actividades para adaptarlas a la situación actual, pero nunca pierdas de vista la visión, la visión es hacia dónde vas, la misión es cómo llegarás allí. La misión puede cambiar, pero la visión permanece intacta. Como puedes ver, estamos de vuelta en la Competencia Cuatro de la Sección Uno que se siente cómodo con la espiritualidad en el lugar de trabajo.

No es el carisma del líder lo que marca la diferencia a largo plazo. No es tu inteligencia, tu título de Maestría de Negocios (MBA), tu buena apariencia o tu "inteligencia en la vida cotidiana". Su éxito a menudo se basa en el poder de su visión y su capacidad para comunicarla. Puedes ser una persona discreta, incluso aburrida, pero si desarrollas y articulas una visión poderosa, la gente te seguirá. La visión es lo que lo llevará a usted y a la empresa a través de los tiempos difíciles y turbulentos.

La visión es una imagen de cómo es antes de que sea. Es por eso que las empresas están despertando a la necesidad de que los trabajadores estén en contacto con un lado de sí mismos que no se puede cuantificar, que no se puede tocar ni ver; es lo desconocido, incluso lo espiritual. ¿De dónde viene la creatividad? ¿Dónde han comenzado las grandes innovaciones? Cuando lees las biografías de hombres y mujeres que tuvieron éxito, te das cuenta de que "vieron" algo. Vieron el mundo como nunca antes había sido. Luego actuaron para hacer de él un lugar mejor, para hacer realidad lo que veían. Se podría decir que eran hombres y mujeres de visión.

La visión energiza a las personas, mientras que la misión define sus actividades. Ninguna empresa puede hacerlo todo o ser todo para todos. Sabiendo eso, la visión te ayudará a decir "no" a las actividades misioneras que no contribuyen a la visión.

Otro concepto mencionado en la Sección Uno se resumió en la palabra "sobreelección". No solo las personas se enfrentan a un exceso de elección, sino que las empresas también lo hacen. La frustración al final del día es no poder hacer las cosas que realmente quieren hacer porque están tan abrumados con situaciones de emergencia u oportunidades no relacionadas con la visión de la empresa.

Una vez que entendí la visión de mi empresa, ver un ejército de personas y empresas con propósito liberadas para el propósito y la productividad, "vi" que mi misión consistía en realizar seminarios, producir publicaciones y proporcionar recursos para facilitar esta visión.

Al momento de escribir este artículo, he publicado 22 libros. Tengo un sitio web, tres blogs, publico en Facebook todos los días, así como en Twitter y LinkedIn. Tengo numerosos talleres y seminarios que realizo en todo el mundo. He lanzado una editorial llamada Urban Press. Todas esas actividades son parte de mi misión para cumplir mi visión, que es ver un ejército de personas impulsadas por un propósito que fluye en su propósito.

Max De Pree, ex director ejecutivo de Herman Miller Office Furniture Company, autor y orador popular, escribió en *Leadership is an Art*:

> El impulso proviene de una visión clara de lo que debería ser la corporación, de una estrategia bien pensada para lograr esa visión, y de direcciones y planes cuidadosamente concebidos y comunicados que permitan a todos participar y ser públicamente responsables en el logro de esos planes.[28]

Eso es fácil de decir, pero difícil de hacer. ¿Por qué es tan difícil obtener y articular la visión? Robert Greenleaf tenía una idea de por qué cuando escribió:

> ¿Por qué son tan raras las visiones liberadoras?, porque es muy difícil darlas. La otra mitad es: ¡porque tan pocos de los que tienen el don de consolidar una visión, y el poder de articularla persuasivamente, tienen el impulso o el coraje o la voluntad de intentarlo![29]

No tienes que dar volteretas ni entretener a la gente para ser un líder eficaz e inculcar la visión. Puedes ser tú mismo, pero debes compartir la visión. Si lo haces, te ganarás la confianza de la gente. Veamos en el próximo capítulo una forma que puede ser capaz de ser un líder más visionario de lo que has sido hasta este punto de tu carrera.

CAPÍTULO 17

LIDERAR ENSEÑANDO

Stephen Covey era conocido en todo el mundo por escribir *Los siete hábitos de las personas altamente efectivas (The Seven Habits of Highly Effective People)*. Recomendó a sus lectores que encontraran la oportunidad de enseñarle a alguien lo que aprendieron al leer *Los siete hábitos* dentro de las 48 horas posteriores a su finalización. ¿Por qué?

> Lee como si fueras a enseñárselo a tu cónyuge, a tu hijo, a un socio de negocios o a un amigo hoy o mañana, mientras aún está fresco, y nota la diferencia en tu proceso mental y emocional.

Te garantizo que si abordas el material de cada uno de los siguientes capítulos de esta manera, no solo recordarás mejor lo que leíste, sino que tu perspectiva se expandirá, tu comprensión se profundizará y tu motivación para aplicar el material aumentó.[30]

Noel Tichy en su libro *The Leadership Engine (La máquina de liderazgo)* habló de lo que él llamaba "la organización de la enseñanza". Señaló que la mayoría de las organizaciones que tienen una visión clara se han involucrado en la enseñanza y la capacitación de manera regular. Escribió:

La enseñanza es el corazón del liderazgo. De hecho, es a través de la enseñanza que los líderes guían a los demás. Liderar no se trata de dictar un comportamiento específico. No se trata de dar órdenes ni de exigir su cumplimiento. Liderar es hacer que los demás vean una situación como realmente es y que entiendan qué acciones deben tomarse para que actúen de manera que muevan a la organización hacia donde debe estar. Ya sea enseñando algo tan simple como qué tareas concretas deben tener prioridad sobre otras esta semana, o algo tan complejo como cómo tomar buenas decisiones, la enseñanza es la forma en que se transmiten las ideas y los valores. Por lo tanto, para ser un líder en cualquier nivel de una organización, una persona debe ser un maestro. En pocas palabras, si no estás enseñando, no estás liderando.[31]

Si quieres saber cuál es tu visión, lo que ves que otros no pueden ver, entonces encuentra maneras de enseñar a los que te rodean. Oblígate a escribir y luego comunicar los puntos clave de tu visión para tu departamento o empresa. No tengas miedo de las personas que lideras, pero permíteles acceder a ti y a tu visión. Sus preguntas te ayudarán a aclarar y a expresar correctamente lo que ves. Aunque la enseñanza te dará una sensación de autoridad (tú eres el que está a cargo de la clase), las técnicas de influencia y persuasión son consistentes con el liderazgo de servicio.

Otro conocido autor de negocios, Peter Senge, escribió dos best sellers, *La Quinta Disciplina* y *La Danza del Cambio (The Dance of Change)*. En *La Quinta Disciplina (The Fifth Discipline)*, escribió:

> Cuando la maestría o alto desempeño personal se convierte en una disciplina, una actividad que integramos en nuestras vidas, encarna dos movimientos subyacentes. La primera es clarificar continuamente lo que es importante para nosotros. A menudo pasamos demasiado tiempo lidiando con problemas a lo largo de nuestro camino que olvidamos por qué estamos en ese camino en primer lugar. El resultado es que solo tenemos una visión tenue, o incluso inexacta, de lo que es realmente importante para nosotros. El segundo es aprender continuamente a ver la realidad actual con mayor claridad. Todos hemos conocido a personas enredadas en relaciones toxicas, que se quedan estancadas porque siguen fingiendo que todo está bien. O hemos estado en reuniones de negocios donde todo el mundo dice. "Estamos en buen camino, en relación con nuestro plan", sin embargo, una mirada honesta a la realidad actual mostraría lo contrario. Al avanzar hacia un destino deseado, es vital saber dónde estamos ahora.[32]

Discutiremos la maestría o alto desempeño personal, un concepto planteado en la primera línea de arriba, en la siguiente sección. Para esta discusión, quiero que vean que desarrollar y articular la visión es una disciplina. ¡Es un trabajo duro que parece no tener fin! Pero el trabajo duro da sus frutos cuando tú y aquellos a quienes lideras tienen claro por qué estás haciendo lo que haces. Si no lo tienes claro, trabajarás para despejarte o abandonar cualquier actividad que no pueda justificarse en términos de la visión.

Jack Welch, ex CEO de General Electric, pasó un tercio de su tiempo de trabajo enseñando en el centro de retiros corporativos de GE. ¿Qué estaba enseñando? Enseñaba su visión de la empresa, sus planes de crecimiento y su estructura. Welch se hizo accesible continuamente a la gente para que pudieran tener clara la dirección de la empresa y su papel en ella. Ese. es todo un compromiso con la enseñanza, ¿no crees?

Cuando consulto con líderes, les insto a que escriban, publiquen o transmitan sus historias de negocios siempre que sea posible. Incluso si esto es solo en el sitio web de la empresa o en un diario personal, es un ejercicio valioso. Alguien dijo una vez que escribimos lo que se oye para ver qué pensamos. Cuando escribes, te permite dar un paso atrás de lo que has escrito, leerlo y evaluar si tiene sentido o no.

Haz una caminata para escribir, guárdalo y léelo semanas después, si lo leo en ese momento y puedo decir: "¡Oye, eso es bastante bueno!", entonces sé que tengo claro lo que estoy tratando de decir. Hay momentos en los que he hecho eso y he tenido que reescribir totalmente lo que escribí porque no estaba claro y si no está claro para mí y no estaría claro para otra persona. Así es con la visión. Si no puedes verbalizar tu visión de manera simple y clara a otra persona, entonces probablemente no esté clara para ti. Cuando ese sea el caso, afectará sus operaciones diarias.

Cuando enseñas, escribes o simplemente conduces grupos de discusión y diálogo en y para tu empresa, estás creando una cultura empresarial. Esta cultura permitirá o impedirá que sus empleados logren lo que usted ve. Cada empresa tiene una cultura y, como líder, usted es fundamental para dar forma a esa cultura a través de los valores que enseña y modela. En lo que se refiere a los valores es fundamental que enseñes no solo con la palabra, sino también con el ejemplo.

Howard Schultz, fundador del imperio cafetero de Starbucks, dijo lo siguiente sobre los valores en una entrevista reciente sobre una iniciativa de Starbucks para cerrar la brecha racial en los EE.UU.:

> "Esto no es altruista, esto es negocio. Los valores son una gran parte tanto del balance general como de los estados de resultados de Starbucks, están detrás del rendimiento. No puedes atraer y retener a grandes personas si tu único propósito es ganar dinero, porque la gente, especialmente los jóvenes, quieren un sentido de pertenencia, ser parte de una organización que realmente creen que está haciendo un gran trabajo. No puedes crear ese vínculo emocional si no representas nada".[33]

Una vez trabajé para una empresa que se enorgullecía de su valor de la comunicación abierta. ¡El problema era que este valor solo existía en la mente del líder! Las reuniones de personal consistían en que el líder hablaba, ¡a veces durante horas! Al personal se le entregaron libros y charlas sobre el diálogo, la creatividad y el trabajo en equipo, pero se practicaron actividades exactamente opuestas día tras día. El resultado fue una cultura de miedo, obediencia silenciosa y poca confianza. Se enseñaba apertura, pero se modelaba el control. La cultura asumió el valor del control porque eso era lo que el personal veía.

¿Cómo es la cultura de tu empresa? Esto se expresará en los valores que tenga y modele. Cuando enseñas e instruyes, necesitas examinar los valores que tienes y la consistencia del comportamiento que representa esos valores. ¿Valora a los clientes, pero los hace esperar tiempos inusualmente largos para recibir servicio, repuestos o asistencia técnica? ¿Dices que valoras a tus empleados, pero no tienes un buzón de sugerencias o algún medio para recibir comentarios y recomendaciones? ¿Dices que valoras la calidad, pero disculpas el mal comportamiento o los sistemas ineficientes porque esa es la forma en que siempre has hecho negocios?

Si estás comprometido a enseñar e instruir, busca entre tus empleados y líderes que estén haciendo cosas que deseas promover y hacer que otros emulen. Discuta con otros lo que han hecho y porque es tan ejemplar. Cuando encuentres algo que no esté de acuerdo con tu visión, entonces en una atmósfera no amenazante mira cómo podría haberse manejado de manera diferente. Es posible que desee comenzar con su propio comportamiento y usarlo como ejemplo, ya sea bueno o malo.

El compromiso debe ser enseñar y comunicarse con todos sus empleados, miembros o voluntarios. Debes aprovechar cada oportunidad para hablar sobre tu visión: hacia dónde crees que va la organización y cómo necesita llegar allí. Los miembros del equipo necesitan ver que te comportas de acuerdo con los valores que defiendes y tener la oportunidad de cuestionarte e incluso desafiarte cuando parezca haber una inconsistencia. Entonces, todos son libres de celebrar las historias de éxito de sus victorias corporativas porque son verdaderas y consistentes con sus valores.

Las historias son una parte importante de la enseñanza. Es necesario compartir, celebrar y replicar ejemplos poderosos de cómo los empleados demuestran un valor corporativo en tiempos turbulentos. Pero compartir las historias requiere que sepas lo que está pasando, incluso cuando la gente es reacia a presumir de un trabajo bien hecho.

Si vas a liderar en tiempos turbulentos, debes estar en contacto con tu empresa y la enseñanza te ayudará a hacerlo. No te escondas en tu oficina o detrás de una pila de informes y carpetas. Sal y habla sobre lo que ves y oyes. Cuando lo hagas, lo verás aún más claramente y tu organización será mejor por ello.

CAPÍTULO 18

PLANEACIÓN ESTRATÉGICA

Una vez que tengas una visión clara, debes elaborar un plan de hacia dónde vas. Como dije en el último capítulo, la visión es hacia dónde vas y la misión es cómo llegarás allí. Cuando hago labor de consultoría, entro y hago muchas preguntas para poder determinar cuál es la visión de la empresa. Por lo general, hago esto en un entorno grupal, ya sea con la alta dirección o con un grupo de gestión.

Después, me gusta hacer sesiones individuales con aquellos que estaban en la reunión del grupo más grande. Es allí donde empiezo a hacer más preguntas sobre la misión. ¿Qué es trabajar en el día a día? ¿Por qué funciona?

¿Cómo podemos hacer más de esto? ¿Hay actividades que estén cuestionablemente relacionadas con la visión general? Las respuestas a estas preguntas indican dónde está la empresa y dónde debe estar. Me dicen si la visión es una fantasía, un montón de palabras en una hoja de papel, o una realidad. La razón por la que puedo hacer esto de manera efectiva es que no estoy "casado" con la empresa. Toda empresa necesita una persona externa, alguien que pueda entrar y decir cosas difíciles porque no está emocionalmente atado a la visión o la misión. Esto es especialmente importante cuando hay miembros de la familia en el equipo de liderazgo. No estoy en contra de que la familia esté en un negocio junta. Algunas de las empresas más grandes de la historia de Estados Unidos han sido de propiedad y gestión familiar, pero hay una desventaja en la familia. Si la familia alguna vez entra en conflicto, las consecuencias pueden ser más intensas que cualquier conflicto no familiar. Es útil tener al menos una persona externa que esté íntimamente familiarizada con el negocio para que la familia y el personal hablen de manera objetiva y honesta sobre la situación.

Una vez que la misión o el plan de negocios están en su lugar, debe mantenerse libre. Sé lo crítico que puede ser el plan, especialmente si hay capital de riesgo e inversores externos preocupados por el retorno de su inversión. Quieren saber qué está haciendo la empresa y cuándo espera producir un retorno. Sin embargo, todas las visiones son, en el mejor de los casos, incompletas. Nunca se sabe de dónde vendrá el éxito sorpresa y, por lo tanto, el plan debe estar al servicio del negocio y no al revés. Ninguna empresa debe ser esclava de un plan estratégico, especialmente en tiempos turbulentos.

Tengo una regla general en las instituciones sociales sin ánimo de lucro con las que trabajo y hago labor de consultoría. He descubierto que el plan estratégico y la estructura para llevarlo a cabo deben revisarse y ajustarse al menos cada seis meses. ¡Así es, dije cada seis meses! Y he descubierto que puede requerir algún ajuste incluso con más frecuencia, especialmente si la entidad está creciendo y tiene éxito. Lo mismo ocurre en las empresas con ánimo de lucro. En lugar de centrarse en un plazo específico, digamos que el plan debe revisarse de forma regular.

No hay forma de que en tiempos turbulentos su empresa pueda sobrevivir sin una gran flexibilidad. Debes adaptarte al éxito inesperado o abandonar el fracaso rápidamente. Ningún empleado, ni siquiera en la cima, puede poseer un título, territorio o deber por mucho tiempo. Cuando llegan personas más adecuadas o talentosas, necesitan ser incorporadas al equipo de trabajo, tal vez reemplazando a alguien que ha estado en esa posición por un tiempo. Si una división o servicio está creciendo, necesitan los recursos y las personas para continuar el crecimiento, incluso si eso significa reducir el tamaño de otra división.

Con eso en mente, he instituido una nueva forma de dibujar la estructura de los empleados de la empresa. Por lo general, el diagrama de flujo está lleno de cuadros y flechas, comenzando con el gran jefe en la parte superior y los subordinados colocados debajo. Siento lástima por la pobre persona que aparece en la parte inferior de la página. Están enterrados bajo una montaña de burocracia y peso corporativo. ¡Apenas pueden respirar, y mucho menos funcionar!

He reemplazado el gráfico de arriba hacia abajo con lo que llamo círculos de influencia. Todavía empiezo con el liderazgo, pero esta vez los pongo en el centro de la página en un círculo. Luego coloco a los otros líderes estratégicos en círculos alrededor de ese círculo central sin ningún orden en particular. Las flechas desde el centro hacia afuera no son líneas rectas, sino más bien curvas Luego, cada círculo exterior tiene su propia página, con ellos en el centro y sus informes directos significativos en círculos a su alrededor.

El gráfico de arriba hacia abajo con demasiada frecuencia encierra a la organización en una mentalidad de mando y control. Si tu empresa se toma en serio el crecimiento y la supervivencia, tienes que ver que la estructura no es nunca tan ordenada, y que no todo el mundo encaja en una caja debajo de otra persona. Tu estructura es un flujo que puede y debe cambiar en cualquier momento. Todo el mundo necesita verse relacionado en la carta con todos los demás, por lo que cualquiera en cualquier momento puede hacer sonar la alarma con respecto a un problema o una oportunidad inesperada. Estos círculos de influencia también deben revisarse cada seis meses a medida que se agregan nuevas personas o cambian en el negocio.

Esta flexibilidad estructural conducirá a una mayor adaptabilidad hacia los clientes, los mercados y la innovación. Nadie es "dueño" de nada ni de ninguna zona; Por lo tanto, nadie está defendiendo su territorio de los invasores. La estructura no está fijada en concreto, sino escrita en una pizarra blanca con rotuladores de colores donde se puede borrar o volver a dibujar. El visionario no tiene porque preocuparse de que la visión esté siendo cambiada; Si la visión es clara, se mantiene frente a todos. La visión es la meta. Se podría decir que el personal está casado con la visión, pero solo están saliendo con el plan o la misión. La misión puede y debe cambiar. La visión es casi sagrada.

Sin embargo, incluso la visión puede estar abierta a ajustes. Peter Drucker recomendó que las organizaciones sin animo de lucro revisen la visión cada tres años para ver si es necesario refinarla a la luz de la realidad. También sugirió que todas las actividades se reevaluaran en ese momento haciendo una simple pregunta: Si hubiéramos sabido cuando comenzamos esta actividad lo que sabemos hoy, ¿la seguiríamos haciendo? Si la respuesta es "no", entonces le sugirió que detenga esa actividad, proceso o producto.

Los tiempos turbulentos los sacudirán de un lado a

otro en los vientos y las olas del cambio. Es difícil planificar en medio de un huracán. Puedes prepararte para la tormenta, pero cuando llegue, abrirá una puerta que no esperabas, enviará un árbol a través de tu techo o inundará tu sótano. En ese momento, debes adaptarte a las realidades de la situación y no esconder la cabeza en la arena, esperando que el problema desaparezca.

La visión es tu fuerza estabilizadora durante tiempos turbulentos. La visión es un intangible que fluye de lo que no se puede ver con el ojo natural. El liderazgo debe aprovechar cada oportunidad para compartir la visión, especialmente con aquellos que pueden ayudar a hacerla realidad. Esto se puede hacer en entornos formales o en grupos de discusión más pequeños e informales. A partir de esa visión, deberá desarrollar un plan de negocios que pueda cambiar con la frecuencia que sea necesaria para que se mantenga en curso y sea relevante.

Los tiempos turbulentos no son necesariamente una indicación de que estás haciendo algo mal. ¡A veces una gran ola puede inundar un barco sin culpa del propietario! Si eso sucede, mantente enfocado cuando las circunstancias estén fuera de tu control. La buena noticia es que las turbulencias de cualquier tipo nunca son permanentes, así que aléjalas en la tabla de surf de la visión hasta que vuelva la estabilidad.

SECCIÓN QUINTA

MAESTRÍA O ALTO DESEMPEÑO PERSONAL

Mencionamos la frase "maestría personal" en la última sección, un término acuñado por Peter Senge. Comenzamos este libro hablando de cinco competencias globales, una de las cuales era aprender a manejarse a uno mismo. Ahora terminamos donde empezamos, con una discusión sobre cómo lograr la maestría y la disciplina personales. Como líder, pronto te das cuenta de que solo hay una "cosa" que puedes manejar al final del día, y ese eres tú mismo. Debes saber quién eres y en qué eres mejor si tienes alguna oportunidad de tener un liderazgo global exitoso.

Un objetivo en mi propio liderazgo empresarial [Dr. Stanko] es lo que yo llamo "flujo". Quiero conocer mi propósito, definir mis valores, articular y vivir mi filosofía de liderazgo para poder alcanzar los objetivos que me propongo a través del control adecuado de los acontecimientos y el tiempo. Cuando esos elementos están alineados con el propósito, los valores, la filosofía, los objetivos y la gestión del tiempo, siento un flujo de liderazgo que comienza en mi ser interior y fluye hacia quienes me rodean. Hay una consistencia e integridad que crea un flujo de innovación y creatividad, orden y productividad. Además, cuando este flujo está presente, las finanzas suelen estarlo también.

En esta última sección, veamos tres componentes del flujo personal (propósito, valores, filosofía de liderazgo, objetivos y gestión del tiempo) y veamos cómo pueden ayudarte a convertirte en un líder más eficaz.

CAPÍTULO 19

TU PROPÓSITO DE VIDA

Esta es la verdadera alegría de la vida, el ser usado
para un propósito reconocido por ti mismo como
poderoso. el ser una fuerza de la naturaleza en lugar
de un pequeño terrón febril y egoísta de dolencias
y agravios que se quejan de que el mundo no se
dedicará a hacerte feliz" - George Bernard shaw.

Naciste para hacer algo que solo tú puedes hacer. Es
más que un regalo, más que una mera tendencia o preferen-
cia. Tienes un propósito. Conocer tu propósito es tu verdadero punto de la brújula hacia tu norte; Te mantiene en el

camino correcto y concentrado. He hablado con miles de personas en los cinco continentes sobre el propósito, y nadie ha desafiado nunca la verdad del propósito personal. Sin embargo, a la mayoría de la gente no le parece fácil definirlo.

Una vez más, debemos confiar en la espiritualidad a la que nos hemos referido en secciones anteriores si queremos encontrar un propósito en la vida. La búsqueda de propósito y significado es una búsqueda interna que tiene implicaciones externas. Es un sentido subjetivo de lo que es correcto para ti y lo que está fuera de los límites. Como dijo Laurence Boldt en su libro, *Cómo encontrar el trabajo que amas (How to Find the Work You Love:)*:

> La búsqueda del trabajo que amas: todo comienza con dos simples preguntas: ¿Quién soy yo? y ¿Qué estoy haciendo aquí? Aunque tan antiguas como la humanidad misma, estas preguntas perennes aparecen de nuevo en cada hombre y mujer que tiene el privilegio de caminar sobre esta tierra. Todo hombre y mujer cuerdo, en algún momento de su vida, se enfrenta a estas preguntas, algunos cuando eran niños; más en la adolescencia y la juventud; más aún en la mediana edad o cuando se enfrenta a la jubilación; e incluso los clientes más duros ante la muerte de un ser querido o cuando ellos mismos tienen un roce con la muerte. Sí, en algún lugar, en algún momento, todos nos encontramos cara a cara con las preguntas: ¿Quién soy yo? y *¿Para qué estoy aquí?*
>
> Y hacemos algún intento de responderlas. Preguntamos a nuestros padres y maestros, y parece que no lo saben. Nos remiten a instituciones políticas y religiosas, que a menudo producen respuestas genéricas desprovistas de significado personal. Algunos incluso nos dicen que la vida

no tiene sentido, excepto para comer y reproducirse. La mayoría de nosotros somos lo suficientemente inteligentes como para reconocer que las respuestas genéricas o rogar por una respuesta no servirán. Debemos encontrar respuestas reales para nosotros mismos. Pero eso requiere más corazón y esfuerzo del que a menudo estamos dispuestos a dar.[34] Estoy de acuerdo con gran parte de lo que escribió el Sr. Bold. Confirmo por mi experiencia que casi todo el mundo se enfrenta a la cuestión del propósito en un momento u otro. Si quieres llevar a tu organización al éxito, debes conocer las respuestas a las preguntas: ¿Quién soy? y ¿Para qué estoy aquí? Las personas comienzan su búsqueda de respuestas en diferentes etapas de la vida.

Las instituciones religiosas a veces ofrecen "respuestas genéricas" que dejan a las personas con soluciones simplistas a esas preguntas difíciles. A menudo las personas me dicen que están aquí "para hacer la voluntad de Dios", "glorificar a Dios", "servir a los demás" o "adorarlo". Pero estas respuestas se quedan cortas, porque debes ir más allá para encontrar la voluntad específica de Dios para tu vida, qué es lo que glorificará a Dios, cómo puedes servir a los demás y qué significa adorar a Dios más allá de cantar un himno o un coro el domingo por la mañana.

La búsqueda de respuestas "requiere más corazón y esfuerzo del que a menudo estamos dispuestos a dar", como dijo Boldt, Es mucho más fácil conformarse con respuestas fáciles o que otra persona defina quién eres. Pero eso es como poner un curita en una laceración importante. Puede verse bien e incluso cubrir la herida, pero no necesariamente te brindará los resultados, la claridad o la satisfacción deseados a largo plazo.

No es raro que aquellos que discuten el tema del propósito eventualmente se refieran al tema del llamado o vocación de una vida. La palabra *vocación* proviene de la palabra latina *vocare*, que significa "llamar". Originalmente una persona podía llamarse o tener la vocación de zapatero. (Eventualmente, una vocación o llamado se asoció con un llamado religioso a alguna forma de ministerio).

El concepto mismo de un llamado significa que hay alguna fuerza inteligente haciendo el llamado. No puedo concebir cómo una actividad puede llamar la atención de una persona. Un llamado presupone que alguna persona está haciendo el llamado. Un llamado viene de alguien, Dios, a alguien, Su creación.

Es cuando busco servir a Dios y cooperar con Su plan que he descubierto que mi vida tiene sentido y dirección. Como escribió el antiguo salmista: " Mi socorro viene de Jehová, Que hizo los cielos y la tierra." (Salmo 121:2). El diseñador de todo es el perfecto para definir el propósito de lo diseñado, y es por eso que busco, incluso espero, que el Dios del cielo y la tierra responda a mis preguntas de propósito.

El Sr. Boldt escribe:

> Encontrar el trabajo que amas no es un proceso cerebral. No se trata de averiguar algo a través de un proceso de análisis racional. Es un proceso de abrirte y empezar a prestar atención a lo que respondes con energía y entusiasmo. Presta atención a las personas, eventos y actividades en el mundo exterior que evoquen la respuesta más fuerte de tu parte. Presta atención también a tu mundo interior, a las inspiraciones e intuiciones que más te emocionan. Por dentro y por fuera, déjate mover. Escucha a tu propio corazón y aprende a confiar en lo que te está diciendo.[35]

He escrito otros libros sobre este tema y mi sitio web, www.purposequest.com, tiene material que puede ayudarte a buscar y encontrar tu propósito. Permítanme compartir con ustedes cuatro pautas que les ayudarán en su búsqueda de un propósito.

1. ¿Qué te da alegría y motiva tu voluntad?

"Hacer lo que amas, ya sea tener hijos, trabajar en una profesión, ser monja, ser periodista, es todo, es como una gran historia de amor que ocurre todos los días. No es diversión, no son los juegos, no se gana ni se pierde, no es ganar dinero o tener tus 5 minutos de fama en la televisión. Es lo que nadie te puede quitar. Es pura alegría" - Georgia Anne Geyer, periodista.

¿Por qué el Creador te daría alegría al hacer algo y no te permitiría hacerlo? Eso no tiene sentido. La alegría está ahí para ayudarte a saber lo que debes estar haciendo. No le tengas miedo. Ve y hazlo.

2. ¿Qué haces y pierdes la noción del tiempo o incluso olvidas o no sientes la necesidad de comer?

El propósito es casi mejor que el sueño o la comida. El propósito alimenta tu alma y te da energía, algunos dirían que incluso energía sobrenatural. ¿Qué puedes hacer durante largos períodos de tiempo y estar listo para volver tan pronto como puedas?

3. ¿Por qué te felicitan las personas que das por sentado o consideras insignificante?

"Este es nuestro propósito: hacer de nuestras vidas lo más significativa posible; vivir de tal manera que podamos sentirnos orgullosos de nosotros mismos; actuar de tal manera que una parte de nosotros siga viviendo, aunque ya no estemos" - Oswald Spengler (1880-1936), filósofo

Los mensajeros han venido a ti muchas veces con

cumplidos simples pero sinceros sobre quién eres y cuál es tu propósito. ¿Has escuchado lo que han dicho, o los has descartado como algo bien intencionado pero irrelevante? ¿Has visto sus cumplidos como una indicación de tus fortalezas y propósito, o tu búsqueda te ha llevado a áreas de fantasía que no están relacionadas con tu propósito de vida? ¿Qué situaciones siempre parecen venir a buscarte?

Un hombre me dijo que su propósito era "arreglar negocios quebrados". En consecuencia, ¡nunca fue contratado por una empresa viable! Pero él conocía su propósito y sabía por qué estaba en una empresa determinada en un momento determinado. Mi propio propósito de vida es crear a partir del caos. Nunca he buscado trabajo en mi vida, ni he estado nunca cesante. El "caos" siempre llega a mí y sé que estoy en tierra firme cuando hablo sobre el caos y veo cómo se pone en orden.

4. ¿Cuál es tu cita favorita o frase definitoria?

La mayoría de las personas tienen un lema, una frase de un poema o algún pasaje de un libro sagrado que tiene un significado especial. ¿Tienes uno? Es posible que tengas uno y no te des cuenta hasta la próxima vez que lo veas. Cuando identifiques lo que es, pregúntate por qué es tan significativo. ¿Representa otra forma de expresar tu propósito?

Si conoces tu propósito, entonces te insto a que hagas una revisión y veas si estás tan enfocado en él como puedes estarlo. Si no lo sabes, usa las preguntas anteriores para iniciar una conversación interna contigo mismo, escucha atentamente la voz de tu corazón y, en poco tiempo, tendrás una declaración simple que define quién eres. Vale la pena la molestia de encontrarlo, créeme.

CAPÍTULO 20

TUS VALORES DE VIDA

El siguiente paso para crear un flujo de vida personal es definir tus valores de vida. Estos son principios rectores que te ayudan a tomar decisiones, tanto pequeñas como grandes. Por ejemplo, si tienes un valor de vida que dice: "Soy frugal", entonces ese valor guiará tus decisiones y hábitos de gasto y ahorro. No tendrás que dedicar mucho tiempo a pensar en lo que harás en una situación financiera; En la mayoría de los casos, el valor ya se ha decidido por usted. Por lo tanto, sus valores simplifican su vida y agilizan las muchas decisiones que debe tomar.

Cuando violas un valor retenido, te molestas. Has

perdido tu flujo y a menudo estás preocupado. Tus valores definen tu integridad. A medida que he estudiado a los líderes exitosos, he visto que casi siempre han desarrollado un conjunto interno de valores, ya sea que sean conscientes de que lo han hecho o no. Algunos han anotado estos valores y los llevan en un cuaderno o planificador. Otros los llevan en las "tablas de su corazón". En la mayoría de los casos, estos valores se desarrollaron y definieron a partir de:

Ejemplos familiares, tanto positivos como negativos

Relaciones de mentoría

Enseñanzas religiosas

Fracasados de la vida

Sufrimiento en tiempos difíciles

Observando a otros líderes a los que admiraban

Por ejemplo, algunos de los que se han aprovechado han jurado no dejar que suceda lo mismo, y otros, por la misma situación, decidieron aprovecharse de tantas personas como fuera posible. Ambos han desarrollado valores que guían sus decisiones y desarrollan su estilo de liderazgo. Otros han sentido el dolor de un liderazgo dominante y han decidido perpetuar ese estilo. Algunos sostienen el valor de no gobernar con mano de hierro, sino con la mano abierta. Ambos han desarrollado valores. Y sin darte cuenta, también has desarrollado algunos valores.

Robert Greenleaf, en su libro, (Convirtiéndote en un Siervo Líder) *On Becoming a Servant Leader*, declaró: Esta es la prueba definitiva: ¿qué valores gobiernan la vida de uno, al final de ella? Plantea una pregunta interesante.

¿Estás desarrollando un conjunto de valores que se ajustan a lo largo de tu vida a medida que tu liderazgo crece y madura? No debes esperar hasta que seas un líder para definir estos valores, porque para entonces es posible que no veas la importancia de tal tarea («Ya soy un líder; ¿Por qué preocuparse por las cosas pequeñas ahora cuando les esperan grandes decisiones?»). Si esperas demasiado tiempo para reflexionar sobre tus valores, es posible que descubras que ya has dedicado tu energía a actividades que no valían la pena el esfuerzo que les diste.

Mis propios valores están enumerados en mi sitio web y en mi libro, (The Price of Leadership) *El precio del liderazgo*, así que no los repetiré aquí, pero repetiré el proceso de cómo identificar los tuyos. Puede seguir estos sencillos pasos para identificar y definir sus propios valores rectores:

1. Reserva dos horas.

2. Identifica frases que representen valores que hayan dirigido tu vida hasta este punto.

3. Identifica frases que representen valores que desees incorporar en tu vida a partir de este momento.

4. Aclara esas frases y dales definición.

5. ¿Alguno de tus valores es perjudicial para ti o para los demás? ¿Representan un comportamiento egoísta o desinteresado? Elimine cualquiera que sea inconsistente con un estilo de vida de amor y servicio (más sobre esto más adelante).

6. Establézcalos en orden de prioridad. ¡Relájate! No hay una forma incorrecta de hacer esto.

7. Llévalos contigo. Revíselos cada seis meses y cámbielos o ajústelos según sea necesario.

He descubierto que debe haber evidencia de tus valores, tanto personales como corporativos, en dos lugares: tu calendario y tu chequera. Si no estás gastando tiempo y dinero donde dices que está tu corazón, entonces tu corazón realmente no está donde dices que está. Es así de simple. Si valoras a las personas, ¿cuánto tiempo pasas con tu equipo de liderazgo principal? Si valoras a tu familia, ¿se refleja en el tiempo y el dinero que gastas? Hablar es barato cuando se trata de valores, y solo establecerás un flujo que conduzca a la maestría personal cuando tus actividades diarias y básicas sean consistentes con lo que es más importante para ti.

Mis valores me han llevado al desarrollo de mi filosofía de liderazgo, que me he esforzado por implementar en cualquier posición de liderazgo en la que me encuentre. Mi filosofía de liderazgo, expresada simplemente es:

> Nací para liderar, pero debo seguir trabajando duro para ser el mejor líder que pueda ser. Al mismo tiempo que mejoro mis habilidades de liderazgo, quiero ejercer un enfoque de equipo para el liderazgo que valore el aporte y el valor de cada individuo. Como líder, compartiré las finanzas, el éxito y el crédito con todos aquellos que contribuyan. También serviré a los demás para que puedan llegar a ser todo lo que Dios quiere que sean, incluso si eso significa reemplazarme.

Eso es lo que soy como líder, incluso mientras dirijo a mi familia. Cuando hago algo que es inconsistente con esa filosofía, siento que no estoy "fluyendo". Hay algo de obstrucción presente. ¿Cuál es tu filosofía? ¿Eres coherente en aplicarlo a la vida cotidiana y al liderazgo? Si es así, entonces veamos un último capítulo que te permitirá fluir y funcionar en este tema de la maestría personal.

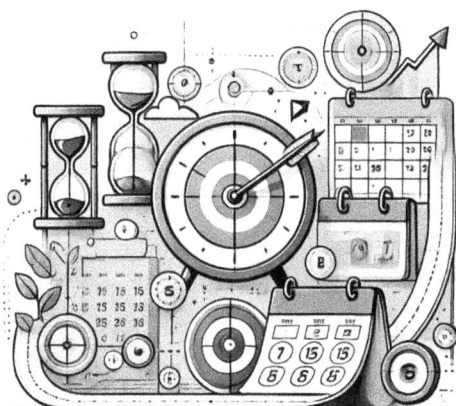

CAPÍTULO 21

OBJETIVOS Y TIEMPO

Para escribir este libro, me puse una meta y dediqué un tiempo cada día a cumplir con la fecha límite establecida por mi editor. No había una fórmula mágica para escribirlo.

Mi propósito es crear orden a partir del caos y así es como escribo. Presento el material de manera ordenada y utilizo un estilo simple que espero sea fácil de entender. Uno de mis valores rectores es ser productivo y otro es ser Un comunicador eficaz. Este libro me ayuda a satisfacer esos dos valores. Finalmente, mi filosofía de liderazgo es equipar a otros para liderar. Cuando escribo, estoy poniendo material que es consistente con esa filosofía en manos de otros.

Confío en que verán el flujo que representa este libro.

Tienes todo el tiempo que habrá en un día cualquiera. Tu éxito y dominio personal dependen de las decisiones que tomes en cuanto a cómo pasar ese tiempo. Mientras actualizo este libro, no estoy haciendo otras cosas que podría estar haciendo. Esa es una elección consciente que he hecho.

Los acontecimientos del 11 de septiembre de 2001 en los Estados Unidos sirvieron de aviso de algo que ya sabíamos: ¡No tenemos garantizado el mañana! Cuando dices que harás algo "algún día", tienes que preguntarte: "¿Cuándo será ese día?" El mañana no está garantizado. Si no sigues adelante con tus metas y sueños, entonces el paso final del flujo que estás buscando está bloqueado. No hay lanzamiento, no hay finalización.

He tomado medidas sencillas para asegurarme de que mi "algún día» tenga la oportunidad de ocurrir. Con ese fin, tengo algunas pautas simples para ayudarlo a alcanzar sus objetivos a través de una sabia administración del tiempo.

Identificar un sistema de gestión del tiempo. Ahora uso mi teléfono inteligente para organizar mi tiempo porque va a todas partes. Lo complemento con un cuaderno en el que guardo notas, una tableta y otros elementos esenciales para el día a día.

Usa un calendario. Mi teléfono inteligente ha simplificado la colocación de las citas de mi vida en un solo lugar. Y escribo y registro todas las cosas que tengo que hacer y los lugares a los que tengo que ir.

Elimina todos los pedazos de papel flotantes. Las pequeñas notas adhesivas multicolores no son un sistema de gestión del tiempo. No hace falta decir nada más al respecto.

Con estas pautas, estás listo para dominar el arte de escribir las cosas. Cuando escribo cosas, libero mi mente de tener que recordar esas cosas, lo que me libera para pensar y ser creativo. Como pauta general, trato de dedicar 15 minutos todos los días a planificar el resto de ese día. El uno por ciento de tu día para planificar el otro 99% no es mucho pedir, ¿verdad?

Cuando estoy planeando, trato de pensar:

1. **De forma proactiva.** No solo estoy registrando las cosas que tengo que hacer, sino también las cosas que me gustaría hacer. Eso significa que mis metas deben encontrar su camino en mi lista diaria, aunque nadie me obligue a alcanzarlas.

2. **De manera realista.** Hay un límite a lo que puedo hacer en un día, especialmente si dejo tiempo para las interrupciones, que inevitablemente llegan.

3. **De manera holística.** No solo priorizo los artículos comerciales, sino también los artículos familiares y personales. El ejercicio tiene un lugar en mi lista diaria junto con la llamada de negocios.

En la primera sección, estudiamos la autogestión como una de las competencias clave para los líderes globales. Puedes gestionarte a ti mismo sin gestionar los eventos que demandan tu tiempo. Cuando escribes cosas, no pueden escapar a tu atención. Eso me hace tomar decisiones sobre qué hacer y cuándo hacerlo. No hay una manera fácil de tomar esas decisiones, excepto definir tus valores y tomar decisiones basadas en esos valores.

Tus metas también deben estar escritas para que puedas mirarlas regularmente. El acrónimo **SMART** (*Iniciales en inglés*) se aplica a menudo al establecimiento de objetivos y representa los cinco elementos clave para establecer cualquier objetivo. Ellos son: **S** es para específico; **M** es para medir; **A** es alcanzable; **La R** es para relevante, y **la T** es para oportuno.

Aplico el establecimiento de metas en el lugar de trabajo a través de las evaluaciones anuales de los empleados que realizo. La evaluación comienza cuando hago cinco preguntas a cada empleado. Una de las preguntas es qué tan bien lograron sus objetivos en el año anterior. Otro preguntaría cuáles son sus metas para el próximo año. Luego, hago que cada empleado haga su propia evaluación en función de los objetivos que estableció, junto con el liderazgo, para el año anterior. De esta manera, ayudo a las personas a ampliar sus habilidades de dominio personal para ir más allá del típico proceso de evaluación de empleados dolorosamente ineficaz.

Los componentes que conforman mi dominio personal, el flujo que trato de crear en mi negocio y en mi vida personal, son los siguientes: 1) Conozco mi propósito; 2) He escrito mis valores de gobierno; 3) Tengo una filosofía de liderazgo escrita que guía mi desarrollo de liderazgo y mis decisiones; 4) Establezco metas que fluyen de mi propósito y valores, y 5) tomo decisiones diarias sobre cómo invertir mi tiempo de manera que sea coherente con lo que soy y lo que quiero lograr. Todo esto crea un flujo de maestría personal en mi vida. Soy feliz cuando el flujo está ahí; Soy muy consciente de cuándo no es así.

CAPÍTULO 22

MOTIVACIÓN

YAIR HERRERA F.

"He fallado más de 9000 tiros en mi carrera. He perdido casi 300 partidos. 26 veces se me ha confiado el tiro de la victoria y he fallado. He fracasado una y otra vez en mi vida. Y esa es la razón por la que tengo éxito".

- Michael Jordan

Hola, mi nombre es Yair Herrera, nací y crecí en Barranquilla, Colombia. No te sientas mal si no sabes dónde está, se encuentra en la parte central norte de mi país. Actualmente dirijo el departamento de inglés de un fabuloso colegio bilingüe en mi ciudad y también sirvo como intérprete para mis colegas autores, el Dr. Reggies Wenyika y Dr. John Stanko.

Mantenerse enfocado y motivado son cuestiones que nos afectan a todos. ¿Qué te hace seguir adelante cuando una taza de café ya no es suficiente? ¿O cuando lo das todo en casa, en el trabajo, en la iglesia y sientes que no puedes seguir?

La respuesta a esas preguntas requiere que abordemos otras tres preguntas importantes en este capítulo. *La pregunta número uno es: ¿Por qué haces lo que haces? ¿Qué te motiva? ¿Qué te anima a dar tu máximo nivel?* En un estudio realizado[36] (Smith et al. 2021) se exploraron los factores que influyen en la motivación en el lugar de trabajo. La encuesta incluyó respuestas de más de 1,000 empleados de diversas industrias. Las principales conclusiones indicaron:

1. La motivación intrínseca (como el interés personal y la satisfacción) fue un indicador más fuerte del rendimiento laboral que la motivación extrínseca (como las recompensas monetarias).

2. La autonomía, el control y el propósito emergieron como componentes críticos de la motivación intrínseca.

¿Cuáles son esas actividades que haces que te hacen olvidar de comer y no te importa? Esa es una indicación de cuál es tu motivación intrínseca que te impulsará a alcanzar tus sueños, o al menos la tarea que estas desarrollando. Tu autonomía y dominio de tus dones vendrán de un fuerte impulso para desafiarte a ti mismo para que puedas pasar al siguiente nivel, ya sea tu trabajo, tu habilidad, tu pasatiempo o tu conocimiento. ¿Cuáles son los dones que Dios te dio antes de que nacieras? También puedes pensar en ellos como tus talentos o fortalezas. Tu motivación proviene del deseo de desarrollar tu potencial hasta su mejor y más brillante expresión, hasta que ese potencial se convierta en realidad. La pregunta número 2 es: *¿Cuáles son mis objetivos diarios, semanales, mensuales y anuales?* La mejor manera de medir tu mejora es estableciendo objetivos claros. No hay forma de que puedas hacer un seguimiento de tu mejora a menos que decidas qué es importante para ti, cómo lo medirás y luego mantengas un registro escrito de tu progreso. También es necesario un plan de acción escrito, que describa tus objetivos "SMART" para ayudarte a evaluar tu progreso. *Esta simple práctica te transformará de un Soñador a un Portador de Sueños.* La diferencia entre los dos es que los sueños del Soñador residen y permanecen en su cabeza. Esperan que "algún día" esos sueños se hagan realidad, aunque no saben cómo. El Portador de Sueños toma medidas, que pueden incluir estudiar, mejorar y, finalmente, desarrollar sus dones y talentos.

La pregunta 3 es: *¿Cómo mides tu éxito?* Para mí, la respuesta es simple: es estar en sintonía con el propósito de Dios para mi vida. La única norma que nos debe preocupar es cómo servimos al Señor y a los demás más fielmente a diario. La preparación siempre me lleva a la oportunidad. Esto aborda una de las mayores preocupaciones que tienen las personas, que es: *¿Cómo encuentro y logro mi propósito de vida?*

Después de identificar tu propósito, debes establecer un plan para mejorarlo y dominarlo. No te centres en el dinero, las conexiones o las oportunidades; simplemente necesitas permanecer fiel a tu llamado y el Señor te proveerá todo lo que necesitas para que puedas hacerlo más allá de lo que creías posible: "Y ahora, que toda la gloria sea para Dios, quien puede lograr mucho más de lo que pudiéramos pedir o incluso imaginar mediante su gran poder, que actúa en nosotros." (Efesios 3:20).

He logrado un nivel apropiado en el idioma inglés y ahora sirvo a los demás de muchas maneras a través de mi habilidad y conocimiento. Sin embargo, si conocieras mis antecedentes, pensarías que no debería ser exitoso. Mi padre no me quería y presionó a mi madre para que me abortara. Abusó de ella para tratar de obligarla a renunciar a mí. Más tarde, mi padre me etiquetó como un fracaso, en la escuela traté de estar a la altura de sus expectativas. Reprobé el octavo, décimo y undécimo grado porque pensaba que no valía nada. En la escuela, sufrí matoneo (bullying) y abuso verbal; Abandoné la universidad siete veces, siempre con miedo de no estar a la altura de un estándar poco claro.

Una cosa que permaneció constante a lo largo de todos esos años fue mi reconocimiento de que Dios era real junto con mi amor por el inglés. Veía la televisión en inglés (antes de la era del streaming), escuchaba grabaciones en inglés en casetes, cantaba canciones para ayudar a mejorar la habilidad de escucha (aunque no se cantar), luego realicé un curso de inglés y más tarde me especialicé en el idioma. *Dios me comunicó claramente que tenía algo que podía jugar a mi favor: la elección.* Podía elegir continuar en el estado deplorable en que estaba o podía elegir cambiar con Su ayuda. Elegí el cambio y Él renovó mi mente y me recordó mi valor.

Desde que decidí en 1998 perfeccionar mis habilidades y ser lo mejor que podía ser (fue entonces cuando comencé a estudiar formalmente inglés), Él ha usado lo que me ha dado para servir al lado de personas asombrosas como mi amada familia (te amo, Caro), el Dr. John Stanko, el Dr. Reggies Wenyika, mis colegas y estudiantes en Boston International School y Boston Flex en mi ciudad natal (¿Han buscado a Barranquilla en un mapa?), y lo hice ya sea enseñando, entrenando, traduciendo o escribiendo, he visto llegar a mí becas, conexiones y oportunidades de trabajo siempre y cuando permanezca fiel al llamado que Dios me dio.

"Por eso yo corro cada paso con propósito. No solo doy golpes al aire." (1 Corintios 9:26).

Incluso hoy en día, tengo una aplicación en el que

anoto palabras en inglés que he leído o escuchado que no conocía (el Dr. John me ha enseñado palabras como *pittance (miseria), draconian (draconiano)* y *cadre (grupo de apoyo pequeño para una labor)*. Nadie me paga por hacer esto. Lo hago porque estoy intrínsecamente motivado para ser el mejor intérprete que pueda ser. He compartido con ustedes lo que fue y es mi sueño, y el proceso que me convirtió en un Portador de Sueños. ¿Y ahora cuál es el tuyo? ¿Qué quieres hacer que te diferencie de los demás? ¿Cuál es tu motivación intrínseca para tener éxito y qué precio estás dispuesto a pagar, qué obstáculos estás dispuesto a superar para ser un Portador de Sueños? Cuando identificas lo que es eso y te enfocas en ello, el fracaso se convierte en otra forma de aprender en el camino de hacer y ser tu mejor versión personal.

CAPÍTULO 23

PLANEACIÓN ESTRATÉGICA

YAIR HERRERA F.

Quiero hacer algunos comentarios sobre un tema que me encanta y es la planificación estratégica. Sé que es posible que no consideres esto como una "habilidad blanda" que ha sido el enfoque de este libro. Te pido que tengas paciencia porque creo que es "suave" en el sentido de que, si no le prestas atención, las habilidades "duras" como las finanzas, la formación de equipos y el marketing son mucho más difíciles. Comencemos con una cita:

La planificación estratégica es "un proceso sistemático

de establecimiento de objetivos, desarrollo de políticas y toma de decisiones que determinan el futuro a largo plazo de una empresa y la asignación de sus recursos". (Pfeffer, R. D., & Fong, J. F. (2018). Strategic Management: Concepts and Cases. Cengage Learning).

Si bien esta cita puede parecer compleja, cuando la examinas más de cerca, realmente no lo es. Para mí, la planificación estratégica consiste en determinar dónde estás hoy, dónde te gustaría estar mañana, y luego trazar un plan para llegar a eso mañana. Si vivo en Barranquilla (que lo hago) y quiero ir a Cartagena a unos 60 kilómetros de distancia, tengo que tener un plan. ¿Dónde estoy? ¿Cuánto tiempo tardaré en ir de aquí para allá? ¿A qué hora tengo que estar allí? ¿Cuál es la mejor ruta para llegar? ¿A qué hora debo salir de casa? ¿Dónde trabajaré o me quedaré mientras esté allí? Para mí, esto no se aplica a los negocios o la educación, sino a toda la vida. Estos son algunos pasos simples que puede considerar como la hoja de ruta de Yair para un plan estratégico exitoso.

Paso 1: Escribe la visión y misión de tu negocio o personal

Tu misión y visión te mantienen enfocado y te permiten establecer indicadores que podrían medir tus logros, planes de mejora y un plan de acción. Basta con echar un vistazo a algunas de las empresas más exitosas del mercado actual. Cada uno tiene una visión y una misión. Dejaré que tú determines si han tenido éxito:

Apple

Misión: "brindar la mejor experiencia de usuario a personas de todo el mundo a través de su hardware, software y servicios innovadores".

Visión: "ser la empresa más innovadora del mundo, creando productos que enriquezcan la vida de las personas".

Amazon

Misión: "ser la empresa más centrada en el cliente de la Tierra, donde los clientes puedan encontrar y descubrir cualquier cosa que quieran comprar en línea".

Visión: "ser la empresa más centrada en el cliente del mundo, donde los clientes puedan encontrar cualquier cosa que quieran comprar en línea".

Esas son megaempresas que han impactado al mundo. Si tienen este tipo de enfoque, ¿tienes una misión personal y una declaración de visión? Mi coautor, el Dr. Stanko, tiene uno y lo ha impulsado a su propia presencia internacional en la publicación a través de Urban Press.

Misión: nuestra misión es ayudar a los autores a recorrer cada paso del proceso de publicación, desde su inicio hasta su finalización.

Visión: "te ayudamos a publicar tus sueños", lo que nos convierte en la editorial elegida por escritores de todo el mundo.

Toma un momento y escribe tus propias ideas acerca de lo que crees son tu misión y visión.

Misión:

Visión:

Paso 2: Identifica tus valores fundamentales.

Cuando determines lo que aceptarás o no en tu vida, evitarás que tú o tu empresa se desvíen del rumbo, en cambio, avanzarás con las asociaciones y el personal que se alinean con tus valores fundamentales. A medida que lo hagas, trabajarás para seguir persiguiendo lo que es más importante para ti:

" avanzo hasta llegar al final de la carrera para recibir el premio celestial al cual Dios nos llama por medio de Cristo Jesús." (Filipenses 3:14).

Esto mantuvo a Pablo enfocado y próspero, y él, siendo un solo hombre, impactó al mundo primitivo por su causa, que era difundir el evangelio.

Paso 3: Establece tus objetivos en función de tus valores

Las políticas son directrices, reglas o principios formales establecidos por una organización, gobierno o institución para guiar la toma de decisiones, el comportamiento y las acciones. Proporcionan un marco para una conducta coherente y ética.

El concepto de políticas es ampliamente discutido en diversas publicaciones de gestión y gobernanza. Un libro notable que cubre este tema es "The New Public Service: Serving, Not Steering" de Janet V. Denhardt y Robert B. Denhardt.

Los programas se refieren a iniciativas, proyectos o actividades organizadas diseñadas para lograr objetivos específicos o abordar problemas particulares. Implican acciones planificadas, recursos y estrategias de implementación.

Para una comprensión integral de los programas, puede explorar " Program Evaluation: An Introduction" de David Royse, Bruce A. Thyer y Deborah K. Padgett.

Necesitas escribir tus Pólizas, bajo su "paraguas"; desarrollas Programas, estos se traducen en Objetivos de Acción SMART

Paso 4: Diseña tu plan de acción

El ciclo de gestión de la calidad y la mejora, a menudo denominado ciclo Planificar-Hacer-Verificar-Actuar

(PDCA por sus siglas en inglés) o Ciclo de Deming, es un enfoque sistemático utilizado para mejorar los procesos, productos y servicios. Consta de las siguientes etapas:

- Planificar: Identificar objetivos, planificar mejoras y establecer metas.
- Hacer: Implementar los cambios planificados.
- Comprobar: Evaluar los resultados y compararlos con los objetivos.
- Actuar: Ajustar los procesos en función de la evaluación y continuar el ciclo.

Para una comprensión profunda de la gestión de la calidad y los ciclos de mejora, considere leer " he New Economics for Industry, Government, Education (La nueva economía para la industria, el gobierno y la educación)" de W. Edwards Deming.

Recuerde que la mejora continua es esencial para el éxito de la organización, y el ciclo PDCA proporciona un marco estructurado para lograrlo. Deming, W. E. (1993). The New Economics for Industry, Government, Education. MIT Press. (La Nueva Economía para la Industria, el Gobierno, la Educación. Prensa del MIT).

Un obsequio: Comparte siempre la historia de tu empresa con los nuevos empleados, es fácil ver el éxito (la punta del iceberg) sin ver el esfuerzo que hay debajo.

CONCLUSIÓN

Al cerrar este libro, citamos a Daniel Burnham, un arquitecto del siglo XIX:

> No hagan planes pequeños, no tienen magia para agitar la sangre de los hombres y probablemente no se realizarán. Haz grandes planes. Apunta alto con esperanza y trabajo, recordando ese noble diagrama lógico, una vez registrado, nunca morirá, pero mucho después de que nos hayamos ido será una cosa viva, afirmándose con una insistencia cada vez mayor. Recuerden que nuestros hijos y nuestros nietos van a hacer cosas que nos dejarán pasmados. Que tu consigna sea el orden y tu faro la belleza.

Los líderes marcan la diferencia y los líderes de hoy tienen la oportunidad de tener un impacto en el mundo, lo elijan o no. Somos los hijos y nietos a los que se refería

Burnham, y tenía razón. Estamos haciendo cosas que hacen tambalear la imaginación. ¡Y mi sensación es que lo mejor está por venir!

El mundo aún no ha visto líderes, hombres y mujeres que estén dispuestos a manejarse a sí mismos y decir "No" para que puedan abrazar su "Sí". El mundo aún no ha visto todo el poder liberado a través de los equipos y los líderes siervos que los guiarán y entrenarán. Los tiempos difíciles requieren líderes capacitados, que vean que las grandes dificultades son simplemente grandes oportunidades para el servicio, el trabajo significativo y las ganancias. El mundo de los negocios espera a hombres y mujeres que sepan quiénes son y sean capaces de dominar el mayor reto de todos: cómo manejarse a sí mismos.

O eres un líder mundial o estás en camino de convertirte en uno. Es posible que su nombre y el de su empresa ya sean conocidos en Singapur o Benín. Tu negocio puede expandirse a lugares que ni siquiera sabías que existían. Eso puede intimidarte, pero puedes consolarte con esta única verdad: las personas son iguales sin importar dónde hagas negocios. Toma las lecciones de este libro y aplícalas a tu estilo de liderazgo. Si lo haces, serás un líder mundial. Habrás perfeccionado las habilidades blandas que te ayudarán a tener éxito en el duro mundo de los negocios.

NOTAS FINALES

Introducción

[1]Robert K. Greenleaf, *Seeker and Servant* (San Francisco: Jossey-Bass Publishers, 1996), Páginas 159-160.

Sección Primera

[2]Peter F. Drucker, *Management Challenges for the 21st Century* (New York: Harper Collins, 1999), página 179.

[3]Marcus Buckingham, *The One Thing You Need to Know* (New York: Free Press, New York, NY, 2005), página 257.

[4]Roy H. Williams, *The Wizard of Ads* (Austin, Texas: Bard Press, 1998), Página 196.

[5]Robert K. Greenleaf, *Servant as Leader* (Indianapolis, Robert K. Greenleaf Center for Servant-Leadership, 1970), Página 7.

[6] Max De Pree, *Leadership is an Art* (New York: Dell Publishing, 1989), Página 11.

[7]Marcus Buckingham and Curt Coffman, *First, Break All the Rules* (New York: Simon and Schuster, 1999), Paginas 56-57.

[8]Ken Blanchard, Insights on Leadership, edited by Larry Spears (San Francisco: Jossey-Bass Publishers, 1998), Página 23.

[9]Stephen R. Covey, *The 7 Habits of Highly Effective People* (New York: Simon and Schuster Inc., 1989), Página 227.

[10]Greenleaf, *Seeker and Servant*, página 104.

Sección Segunda

[11]Bennis, *Co-Leaders: The Power of Great Partnerships* (New York John Wiley and Sons, Inc, 1999), página 4.

[12]Peter F. Drucker, *The Post-Capitalist Society,* (New York Harper Collins Publishers, Inc. 1993) página 109.

[13]Pat Lencioni, The Five Dysfunctions of a Team (Sar Francisco: Jossey- Bass, 20021, página vial.

[14]Larry Spears, Insights on Leadership San Jossey–Bass Publishers, 1998), página 4

[15]*Ibid.*, página 222.

Sección Tercera

[16]Peter Block, *Stewardship: Choosing Service Over Self-Interest* (San Francisco: Berrett-Koehler Publishers, 1996), página 42.

[17]Greenleaf, *Power of Servant Leadership*, página 119.

[18]Blanchard, Insights on Leadership, Páginas 22-23.

[19]Greenleaf, Seeker and Servant, Páginas 36-37.

[20]Peter Senge, The Fifth Discipline (New York: Doubleday, 1990), página 11.

[21]*Ibid.*, página 4.

[22]*Ibid.*, página 4.

[23]*Ibid.*, página 14.

Sección Cuarta

[24]Danah Zohar, ReWiring the Corporate Brain (San Francisco: Berrett-Koehler Publishers, Inc., 1997), página 77.

[25]*Ibid.*, página 86.

[26]*Ibid.*, página 88.

[27]William Steere, *The Leader of the Future*, edited by Frances Hesselbein, Marshall Goldsmith, and Richard Beckhard (San Francisco: Jossey-Bass Publishers, 1996), página 251.

[28]De Pree, *Leadership is an Art*, página 18.

[29]Greenleaf, *Power of Servant Leadership*, página 35.

[30]Covey, *The 7 Habits of Highly Effective People*, página 60.

[31]Noel M. Tichy, *The Leadership Engine*, (New York Harper Business, 1997), página 57.

[32]Senge, The Fifth Discipline, página 141.

[33]*Fast Company*, "Howard Schultz Doesn't Have All the Answers," July/August 2015, página 72.

Sección Quinta

[34]Laurence Boldt, How To Find the Work You Love (New York: Penguin, 1996), Páginas 1-2.

[35]*Ibid*., página 93.

[36]Smith, J., Johnson, R., & Lee, M. (2021). *Motivation in the Workplace: A Comprehensive Survey. Journal of Organizational Psychology,* 45(3), 187-204

SOBRE LOS AUTORES

En 2001, **John W. Stanko** fundó una empresa de desarrollo personal y de liderazgo llamada PurposeQuest y hoy viaja por el mundo para hablar, asesorar e inspirar a líderes y personas dondequiera que va. Es activo en muchas plataformas de redes sociales y le apasiona ayudar a las personas a encontrar y cumplir su propósito de vida. En 2014, John fundó Urban Press, un servicio editorial que ha ayudado a más de 100 autores de varios países y orígenes a hacer realidad sus sueños editoriales. John es autor de más de 90 libros.

Para ponerse en contacto con el Dr. Stanko, envíele un correo electrónico a:

johnstanko@gmail.com

o visite su sitio web:

www.purposequest.com

El Dr. Reggies Wenyika es un líder transformador, educador apasionado y ministro del Evangelio. Ha servido como líder académico y presidente de dos universidades de los Estados Unidos. También se desempeñó anteriormente como presidente y superintendente general de un grupo de líderes de iglesias provenientes de 56 países. Actualmente se desempeña como Presidente del Instituto Africano de Ciencia y Tecnología Biomédica, un Instituto de Investigación que ofrece maestrías y oportunidades de PHD en Genómica y Medicina de Precisión.

Reggies es el actual presidente de GreaterLife International y sirve como Profesor Universitario de Educación y Ministerio Cristiano. Estudió ciencias de laboratorio médico y también tiene títulos en estudios bíblicos, así como en maestría en administración y ministerio de la educación. Obtuvo un doctorado en liderazgo educativo y está estudiando un doctorado especializado en etnomedicina y sistemas de conocimiento indígena. Reggies también sirve como un Par Observador de acreditación para las universidades en la región central de los Estados Unidos, y con frecuencia viaja como predicador en iglesias, orador en seminarios y conferencias.

Para ponerse en contacto con el Dr. Wenyika, envíele un correo electrónico a:

rwenyika@gmail.com

La carrera de **Yair Herrera** comenzó en el 2001, obteniendo títulos de Southwestern Christian University (Maestría en Liderazgo), Universidad del Atlántico, Universidad Javeriana, Acsi, Fundación Merani; entre otras. Instructor de inglés, evaluador de pares internacionales para ICAA – Cognia, traductor de libros e intérprete de conferencias. Felizmente casado con Carolina, padre de Noah y Nico, sirviendo a Cristo desde el 2010

www.ingramcontent.com/pod-product-compliance
Lightning Source LLC
Chambersburg PA
CBHW050507210326
41521CB00011B/2363